U0925077

谨以此书，

致敬正在创建奇迹的中国铁路建设者。

云屯堡隧道
L-22923m
弓杠岭隧道
L-16310m
斯纳隆德隧道
L-8162m
九寨隧道
L-17094m
玉瓦寨隧道
L-13771m
岷山隧道
L-25063m
洛大隧道
L-16655m
上淖隧道
L-14982m
黄土梁隧道
L-10071m
白龙江特大桥
松潘
川主寺
黄胜关
九黄机场
九寨沟
舟曲
宕昌
陇南

Innovation and Practice of Key Construction Technology for Chengdu-Lanzhou Railway Tunnel in Unfavorable Geology

成兰铁路不良地质隧道建造关键技术创新与实践

典型案例汇编篇

鲜国　等◎编著

人民交通出版社股份有限公司
北京

内 容 提 要

成兰铁路横穿龙门山、西秦岭地震活动构造区，通过龙门山褶皱断裂带、松潘甘孜褶皱构造带、西秦岭褶皱构造带。穿越地区岩体主要为极其破碎的板岩、炭质板岩、片岩、千枚岩，构造应力一般为15 ~ 33MPa；高地应力、活动断裂带、滑坡、岩堆、泥石流、危岩落石、岩溶、断层破碎带等不良地质问题突出。本书系以隧道穿越不同地质条件下，依据不同的处置和应对措施分门别类，对成兰铁路建设过程中出现的重大不良地质整治案例进行汇编，并通过对其地质背景、成因进行分析，对整治措施的效果、成果、创新内容进行系统总结。

本书对从事隧道工程勘察设计、施工、建设管理的工程技术人员具有指导与启发的作用，亦可供隧道工程及相关领域的从业人员与高校师生参考。

图书在版编目（CIP）数据

成兰铁路不良地质隧道建造关键技术创新与实践．典型案例汇编篇 / 鲜国等编著．— 北京：人民交通出版社股份有限公司，2020.4

ISBN 978-7-114-15835-3

Ⅰ．①成…　Ⅱ．①鲜…　Ⅲ．①铁路隧道—隧道施工—案例—汇编—中国　Ⅳ．①U459.1

中国版本图书馆 CIP 数据核字（2019）第 201717 号

Chenglan Tielu Buliang Dizhi Suidao Jianzao Guanjian Jishu Chuangxin yu Shijian
Dianxing Anli Huibian Pian

书　　名：成兰铁路不良地质隧道建造关键技术创新与实践　典型案例汇编篇
著 作 者：鲜　国　等
责任编辑：张　晓
责任校对：孙国靖　魏佳宁
责任印制：刘高彤
出版发行：人民交通出版社股份有限公司
地　　址：（100011）北京市朝阳区安定门外外馆斜街3号
网　　址：http：//www.ccpress.com.cn
销售电话：（010）59757973
总 经 销：人民交通出版社股份有限公司发行部
经　　销：各地新华书店
印　　刷：北京印匠彩色印刷有限公司
开　　本：787×1092　1/16
印　　张：16.5
字　　数：323千
版　　次：2020年4月　第1版
印　　次：2020年12月　第2次印刷
书　　号：ISBN 978-7-114-15835-3
定　　价：98.00元

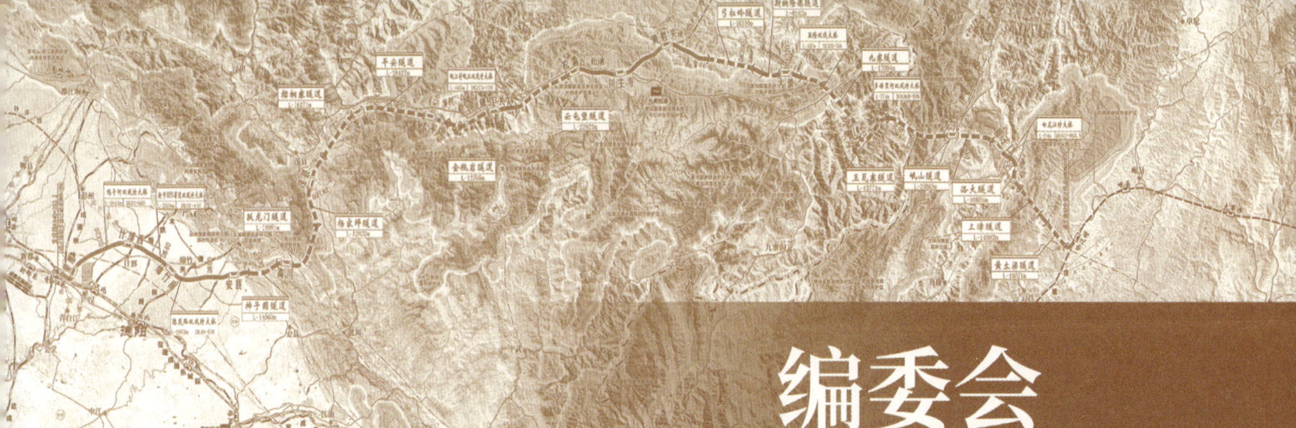

编委会

序

成兰铁路起于成都，经茂县、九寨沟，向北延伸连接兰渝铁路的哈达铺站，一条铁路横穿两个地震活动带（龙门山、西秦岭地震活动构造区），通过三大构造体系（龙门山褶皱断裂带、松潘甘孜褶皱构造带、西秦岭褶皱构造带），途经四大地貌地质单元（成都平原区、岷江白龙江高山峡谷区、松潘高原丘陵区、西秦岭黄土边缘区）。铁路沿线崇山峻岭，山势巍峨，河谷深切，地形地势险峻，工程建设以长大深埋隧道群为主，隧道平均长度达10km，穿越区域70%岩体为极其破碎的千枚岩、板岩、炭质板岩，地应力高达15～33MPa；线路经过龙门山、岷江、西秦岭等多条地震带，地震烈度普遍为8度及以上，自20世纪以来，项目区域内先后发生4次7.0级以上大地震，分别是1933年叠溪大地震、1976年松潘大地震、2008年汶川大地震和2017年九寨沟大地震。受地震及次生地质灾害影响，地质风险进一步叠加，不良地质问题进一步恶化，工程建设难度较大。

鉴于工程建设的复杂性，按照国家发改委关于铁路建设项目安全评估的要求，原铁道部选定成都至川主寺段作为工程试验段先行开工建设，由成兰铁路公司组织实施。试验段的建设以16项工程试验专题为核心，以动态设计、单价承包、专家支撑为主要举措，以机械化、信息化管理为手段逐步展开。自2013年10月开工以来，现场隧道施工遭遇了软岩大变形、活动断裂、断层破碎带、岩爆、突水突泥、洪灾、泥石流、瓦斯、硫化氢有害气体等不良地质工况100余处，成兰公司组织参建单位以工程试验专题推进为主线，通过采取一系列适应性技术的集成运用，各项风险已基本得到卡控。

目前，成兰铁路工程建设有序推进，工程试验专题已进入成果整理阶段，其中“隧道全断面（含仰拱）机械化开挖工法”“隧道激发极化（TIP）超前探水法”“桥梁桩基全回转分级钢套管跟进施工工法”“高地应力软岩隧道大变形控制技术”四项技术成果已在全路推广应用。值此之际，“成兰铁路不良地质隧道建造关键技术创新与实践——

典型案例汇编篇、典型案例剖析篇、建设项目管理篇”书系的成功出版实属成兰铁路建设取得的又一技术成果。本书系对成兰铁路不良地质工程整治实践进行了整理、总结并汇编成册，对我国艰险困难山区铁路建设具有指导意义。在此，对本书编著和出版做出贡献的成兰铁路公司、成兰铁路建设指挥部及相关参建单位、个人表示诚挚的谢意，并乐之为序。

王明年

2019.5.12

编者的话

经历和阅历是人生的财富，年轻的时候不懂得其真正的内涵。在西南山区做铁路建设工作，同战友们一起迎难而上，在风霜雪雨中砥砺前行，亲历了成兰铁路修建过程中的诸多艰辛，这段历程，可谓是生命中可遇不可求的宝贵财富，著作记之。

“5·12”汶川大地震震醒了川西北人多年的“铁路梦”，这里居住的400多万藏、羌、回、汉儿女坐不上火车，囿于青藏高原东昆仑、西秦岭九顶山之麓，千回百转待通途。时至新时代，终于修建铁路了，在经历过几次强震的活动断裂带上，越过崇山峻岭，跨过九寨沟热摩科无人区和岷江生物多样性环境敏感区，穿过“四极三高”的极端复杂地质区域修铁路，实现川西北人的“铁路梦”。

我们是一群踏着前辈的足迹迈进高铁时代并见证其建设历程的筑路人。从2013年项目开工后的前几个不眠之夜开始，到经历成兰铁路建设过程中的洪灾、水石流、涌水、突泥、岩爆、高地应力、高地温、大变形、高瓦斯、硫化氢、高陡边坡泥石流、崩塌，几年来的建设实践，无不感受当今时代之伟大，工程建设以使命引领与问题导向相结合，深感工程“经验”二字在复杂的“四极三高”地质问题上只是过去式，创新才是真正的动力源。

土木工程界有一个重要的问题就是工程地基的稳固，业界有一个接合部，即是岩土工程与工程地质的接合。成兰铁路以隧道为主，从川西平原绵阳安州进山后，以长大深埋隧道群穿越九顶山主峰、岷山山脉，展线系数达1.19，桥隧比达87.11%。大于15km隧道9座，最长双洞分修隧道为平安隧道28.4km，最长单洞合修隧道为云屯堡隧道23km，极高风险隧道10座。其中，成都至川主寺试验段正线长度276 km，隧道总长与之相当，也是276 km。隧道施工成为控制本线安全质量和工期之关键。隧道开挖后的初期支护处置实质就是岩土工程整治，初期支护收敛稳定后二次衬砌就成为储备结构。成兰铁路地质岩层错综复杂，以高地应力区软岩为主，千枚岩占70%以上，加上多次地震的挤压揉皱，隧道岩层产状复杂多变，断层断裂带破碎不堪，最大深埋达1800多米，揭示实测最高地应力达33MPa，新奥法长距离掘进（独头）达8km，软岩大变形、高瓦斯/硫化氢齐临掌子面，面对揭示和预测的高风险，用常规的传统的管理经验和工装技术难以满足实际之需。所以，现场实践中"逼"着去做了两件工作——一个是"预判"，一个是"集成"。

预判，就是以各种现有、先进的超前地质预报技术，在掌子面揭示后，因地制宜，研判前方的地质情况和成因，其结果与施工图阶段差异较大，补充和完善了"一孔之见"。实践中，我们努力去践行"预则立"的古训，这是项目安全有序推进的前提。

集成，就是以国内外各种现有、成熟的铁路修建技术，结合成兰铁路实际，适应性地加以吸收、消化、集成、总结、创新。中国国家铁路集团有限公司（简称"国铁集团"）为此第一次批复了成兰铁路试验段全线按动态设计管理，以此高度重视成兰铁路建设管理工作。所以，才有了诸多集成工法和创新技术在成兰铁路工程项目中诞生并推广应用，如以TIP隧道探水法、隧道全断面（含仰拱）机械化配套快速掘进法、散体构造微三台阶上部核心土工法、软岩大变形长短锚杆结合机械化配套快速施工工法等为代表的一批适用安全快速机械化配套施工的新技术新工法新工艺为成兰铁路有力推进提供了强力支撑。

成兰铁路地处西南四川盆地与青藏高原东昆仑过渡的活动断裂褶皱带上，穿越四大地貌单元，其高山峡谷区占60%以上，隧道出入口、路基高陡边坡整治又是典型的极具挑战的岩土工程，大部分只有采用"栈道"法施工。这是环保和安全的需要，也是"逼"出来的，其难度不亚于当年的"茶马古道"。

今天，应业界同行们之呼吁，总结提炼成兰铁路的技术集成与管理实践，思之想之，我们以《成兰铁路不良地质隧道建造关键技术创新与实践》之**典型案例汇编篇、典型案例剖析篇、建设项目管理篇**分别编著出版。旨在表述项目现状是这么做的，为什么要这么做，做的效果如何，创新几何。本书的编撰旨在存小异求大同、抛砖引玉，为铁路建设尤其是隧道建设的高质量发展略尽一份微薄之力。本书的第一、二章主要由印建文、李传富、钟新、周跃峰等同志参与编辑整理；第三、四、五章主要由王丙堤、李文戈、刘善忠、冉龙华、李开龙、王生涛、袁传宝、姜波、宋贵明等同志参与编辑整理；第六、七章主要由印建文、肖辉、晏小英、周宝春、王俊涛、罗宁宁、陈桂虎等同志参与编辑整理，在此表示感谢。更要感谢的是一直在关心、关注、支持成兰铁路建设的国铁集团的领导、专家和战友们，王同军、李志义、赵勇、魏强、肖广智等同志对项目的立项批复、动态设计、攻坚克难、技术创新等工作都给予了诚挚的关怀和坚强的支撑，在此表示由衷的感谢并致以崇高的敬意。正因为有了他们的支持，才使诸多建设理论、经验在成兰铁路建设中得以实践、集成和再创新，得以总结凝练再指导实践。

本书的编著，基于作者的经历和阅历，水平有限，不足和错误难免，敬请业界同行批评指正。

曾在可研之初，有专家学者对成兰铁路项目建设的地质难度和环保设计持怀疑观点并上书上级领导人。基于此，各界人士更加关注关心、支持支撑成兰铁路项目建设。2016 年中国工程院 18 位院士莅临成兰铁路咨询，到达九顶山跃龙门隧道工地后，院士们望山叹曰：此域修铁路真难，不宜修。但修成了，是奇迹，中国人伟大!

一个时代，一个伟大的时代才能有伟大奇迹。谨此，致敬正在创建奇迹的中国铁路建设者。

Abstract

The Chengdu-Lanzhou Railway traverses the seismically active tectonic area of the Longmen Mountain and the West Qinling, passing through the Longmenshan fold fault belt, Songpan-Ganzi fold tectonic belt and west Qinling fold tectonic belt. The rock mass in the traversing area is mainly composed of extremely broken slate, carbonaceous slate, schist and phyllite. The tectonic stress is 15~33MPa generally. High in-situ stress, active fault zone, landslide, rock pile, debris flow, dangerous rockfall, karst, fault fracture zone and other adverse geological problems are prominent. This book has compiled the case of major adverse geological regulation that appeared during the construction of Chengdu-Lanzhou railway, classified chapters by different disposal and countermeasures are adopted under different geological condition. It systematically summarized the geological conditions of disaster occurrence section, the cause of disaster, the effect, achievement and innovation of disaster treatment measures.

The book has guidance and inspiration for engineering and technical personnel engaged in tunnel engineering survey design ,construction and management .It can be used as a reference for practitioners ,teachers and students who specialize in tunnel engineering and related fields.

Editor's Note

Experience is the wealth of life. When you are young, you may not understand its real meaning. During the railway construction in the southwest mountainous area, we faced the difficulties together with coworkers and marched forward in the demanding weather canditions, experiencing many hardships. The process can be described as a precious treasure in life, and it deserves to be written down.

The "5·12" Wenchuan Earthquake woke up the "railway dream" of Northwest Sichuan people for many years. More than 4 million Tibetan and Qiang people living here could not have access to the train service , confined to the foothills of the east Kunlun Mountain of the Qinghai-Tibet Plateau and the Jiudingshan Mountain of the west Qinling Mountains. Today, we are constructing railways on the active fault zones where several strong earthquakes have occurred, through high mountains. The railway through extremely complex geological regions and high-altitude areas with extremely complex geological conditions, such as the Remoko No-Man's Land in Jiuzhaigou and the Minjiang biodiversity sensitive area, so as to realize the "railway dream" of Northwest Sichuan people.

We are a group of road builders who have followed the footprints of their predecessors, entered the era of high-speed train and witnessed its construction process. Based on the construction practice in recent years from the first few sleepless nights after the commencement of the project in 2013 to the experience of such conditions as flood, water-rock flow, water gushing, mud burst, rock burst, high geostress, high geothermal temperature, large deformation, high gas content, hydrogen sulfide, highly-steep slope landslide and collapse in the construction process of Chengdu-Lanzhou Railway, we have felt the greatness of the present era. Since the construction of the project is mission-lead and problem-oriented, we deeply felt that the complex geological issues of "Si Ji San Gao" are only the past tense, but innovation is the real power source.

The stability of engineering foundation is an important problem in civil engineering. There is a joint part in civil engineering, i.e. the combination of geotechnical engineering and engineering geology. The Chengdu-Lanzhou Railway mainly consists of tunnels. After entering the mountainous areas from Mianyang and Anzhou in the western of Sichuan plain, the railway passes through Jiudingshan and Minshan mountains with long, large and deep-buried tunnels. The coefficient of development line reaches 1.19 , and the ratio of the number of bridges to the number of tunnels reaches 87.11%. There are 9 tunnels which are longer than 15 km. The longest two-hole separatly-built tunnel is 28.4 km Ping' an Tunnel, and the longest single-hole separately-built tunnel is 23 km Yuntunpu Tunnel. There are 10 tunnels with extremely high risk. Among them, main line of the pilot section from Chengdu to Chuanzhusi has the length of main line of 276 km, and the total length of the tunnel is 276 km, as well. Tunnel construction becomes the key to control the safety, quality and time limit of this railway. Essentially, the disposal of initial support after tunnel excavation is geotechnical renovation. After the convergence and stabilization of initial support, secondary lining becomes a reserve structure. The geological strata of Chengdu-Lanzhou Railway are intricate, mainly consisting of soft rock in high geostress area with phyllite accounting for more than 70%. The crushing and rubbing of many earthquakes has resulting in complex and changing occurrence of tunnel rock strata and fractured fault zone, with the maximum burial depth of more than 1800 m, the maximum geostress is 33 MPa. The long-distance (single drill) excavation of 8 km with New Austrian Tunneling Method, and large deformation of soft rock and high-gas hydrogen sulfide are next to tunnel face. In view of high risk as revealed and projected, it is difficult to meet the actual needs with regular or conventional management experience and tooling technology. Therefore, in the field practice, we are "forced" to do two jobs which are "prejudgment" and "integration".

Prejudgment is to study and judge the geological conditions and causes in front of it according to local conditions after revealing the tunnel face with all kinds of existing, advanced geological prediction techniques. The results are quite different from those in the construction drawing stage, which complements and improves the "a peephole view". In practice, we strive to realize the ancient motto of "success lies in previous preparations", which is the precondition for the safe and orderly progress of the project.

Integration is to adaptively absorb, digest, integrate, summarize and innovate the existing mature railway construction technologies at home and abroad in combination with the actual situation of Chengdu-Lanzhou Railway. For this reason, China Railway has approved the dynamic design and management of the whole Chengdu-Lanzhou Railway pilot section for the first time, thus attaching great importance to the construction and management of Chengdu-Lanzhou Railway. Therefore, many integrated engineering methods and innovative technologies have been created, rapid,promoted and applied in the Chengdu-Lanzhou Railway project, and a series of applicable, safe, rapid new technologies, techniques and processes combined with mechanized supporting construction, represented by TIP tunnel water detection method, mechanized supporting rapid excavation method for the full cross-section of the tunnel (including inverted arch), bulk structure micro-three-step upper core geotechnical method, and mechanized supporting rapid construction method by long- and short-bolts of soft rock large-deformation and have provided strong support for the vigorous promotion of Chengdu-Lanzhou Railway.

Chengdu-Lanzhou Railway is located in the active fault fold zone of the transition between Sichuan Basin in southwest China and East Kunlun Mountain in Qinghai-Tibet Plateau. It passes through four geomorphic units with high mountains and gorge areas accounting for more than 60%. Tunnel entrance and exit and renovation of highly-steep roadbed slope are typical geotechnical engineering. Most of them are constructed with the "plank road" method. This is the need of environmental protection and safety, and it is also because its difficulty of no less than that of the "Tea-Horse Road".

Today, in response to the call of peers in the industry, we will summarize and refine the technological integration and management practice for Chengdu-Lanzhou Railway. Thinking it over, we will compile and publish the compilation of typical cases, analysis of typical cases and construction Project Management of 《Innovation and Practice of Key Construction for Chengdu-Lanzhou Railway Tunnel in Unfavorable Geology》 with a view to explaining the current situation of the project, why we do so, how about the effect, and the innovations. The purpose of this book is to preserve small differences, seek great commons and attract valuable ideas, thus making contribution to railway construction, especially the high-quality development of tunnel construction. Chapter 1 and Chapter 2 of this book are mainly edited and collated by Yin Jianwen, Li Chuanfu, Zhong Xin and Zhou Yuefeng, etc. Chapter 3, Chapter 4 and Chapter 5 are mainly edited and collated by Wang Bingdi, Li Wenge, Liu Shanzhong, Ran Longhua, Li Kailong, Wang Shengtao, Yuan Chuanbao, Jiang Bo and Song Guiming, etc. Chapter 6 and Chapter 7 are mainly edited and collated by Yin Jianwen, Xiao Hui, Yan Xiaoying, Zhou Baochun, Wang Juntao, Luo Ningning, and Chen Guihu, etc. We would like to express our gratitude to them. We also want to extend our heatfelt appreciation and lofty respect to the leaders and colleagues of China Railway which have been caring, concerning and supporting on the supporting of Chengdu-Lanzhou Railway, including Wang Tongjun, Li Zhiyi, Zhao Yong, Wei Qiang, and Xiao Guangzhi, for their sincere care and powerful support as given to project establishment and approval, dynamic design, breakthroughs in overcoming difficulties, and technological innovation. It is with their support that many construction theories and experience can be implemented, integrated and re-innovated in the construction of Chengdu-Lanzhou Railway, and finally summarized and refined for guidance on practice.

This book is based on the authors' experience. Due to our limited capability, inadequacies and mistakes are unavoidable, and peers criticism and correction are welcome.

At the beginning of the feasibility study of the project, some experts and scholars had doubts about the geological difficulty and environmental protection design in the construction of Chengdu-Lanzhou Railway Project, and wrote to their superior leaders. Based on this, people from all walks of life have attached more attention and support to the construction of Chengdu-Lanzhou Railway Project. In 2016, 18 academicians of the Chinese Academy of Engineering paid a visit to the Chengdu-Lanzhou Railway for consultation. When they arrived at the Yuelongmen Tunnel construction site on the Jiudingshan Mountain, they sighed at the mountain and said, "It's really difficult to build a railway in this area and it's not suitable for the project. But it will be a miracle once it is completed. Chinese are great!"

Only in a great era can we make a great miracle. We would like to pay tribute to the chinese railway builder who are creating miracles.

目录

平 安 隧 道
L—28427m
榴桐寨隧道
L—16271m
镇江关
龙塘
太平
云屯堡隧
L—2292
金瓶岩隧道
L—12765m
茂县
跃龙门隧道
L—19981m
杨家坪隧道
L—12822m
什邡西
三星堆
绵竹南
安县
高川

第1章 绪论

弓杠岭隧道
L—16310m
黄胜关
川主寺
大录
斯娜隆德隧道
L—8162m
九寨隧道
L—17094m
九寨沟
玉瓦寨隧道
L—13771m
岷山隧道
L—25063m
多儿
洛大隧道
L—25063m
腊子口
上漳隧道
L—14982m
哈达铺
黄土梁隧道
L—10071m

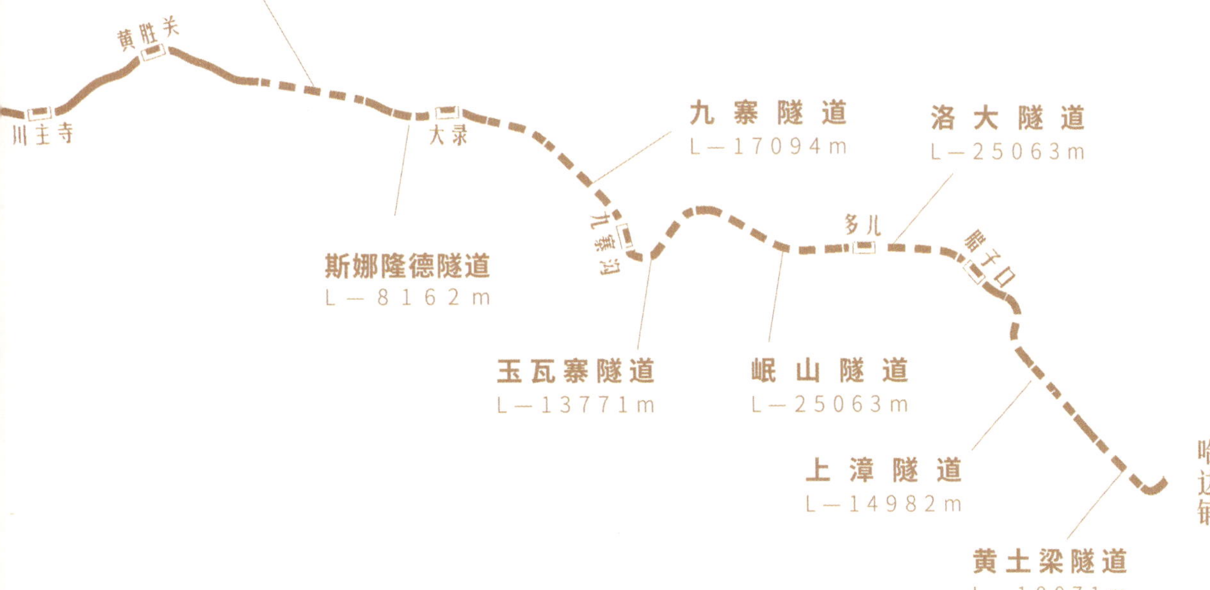

1.1 工程概况

成兰铁路位于四川省和甘肃省境内，起于成都，经广汉、什邡、绵竹、茂县、松潘至九寨沟，向北延伸连接兰渝铁路的哈达铺站，正线建筑长度为457.59km，成都至兰州运营总长725.55km。新建铁路全线正线按电气化双线设计，旅客列车速度目标值为200km/h，限制坡度18‰，最小曲线半径一般为3500m，困难位置可取2800m。

全线新建三星堆、什邡西、绵竹南、安县、高川、茂县、龙塘、太平、镇江关、松潘、川主寺、黄胜关、大录、九寨沟、多儿、腊子口共16座车站，改造既有青白江车站。全线新建桥梁120座总长80.58km，其中正线桥梁79座长度为66.24km，占正线长度的14.47%。全线桥梁墩高大于50m的共13座，其中大于80m墩高桥梁3座，最大墩高（多诺黑河特大桥）达111m。全线新建隧道32座总长332.44km，占正线长度的72.64%，其中分修隧道12座长度为142.46km，最长隧道为平安隧道28.43km。全线桥隧比为87.11%。

成都至川主寺（黄胜关）试验段的正线建筑长度为275.56km。设桥梁53座总长44008.48延米，其中特大桥18座长度为37081.78延米、大桥21座长度为5719.12延米、中桥14座长度为1207.58延米。隧道17座总长175914延米，桥隧比为79.73%。

成兰铁路重点工程有：跃龙门隧道19.98km，平安隧道28.43km，云屯堡隧道22.92km，茂县站五线特大桥等。

1.2
成兰铁路的主要特点和难点

1.2.1 地质条件极为复杂

成兰铁路所处区域为成都平原向青藏高原东部边缘急切过渡的高山峡谷地带，是我国第一阶梯向第二阶梯的过渡地带，北西高、南东低。沿途地形切割强烈，大部分地段相对高差在 1000 ~ 3000m。

本项目地处青藏亚板块、扬子亚板块、华北亚板块所围限的川西北三角形断块区。跨越扬子地块、龙门山造山带、松潘－甘孜造山带、秦岭－祁连山造山带四大一级构造单元交汇部位。呈 N-E 向展布的龙门山构造带、近 E-W 的西秦岭构造带和近 S-N 向的岷山隆起构造带组合而成的呈由西向东逐渐收敛的平卧“A”形格架，如图 1-1 所示。

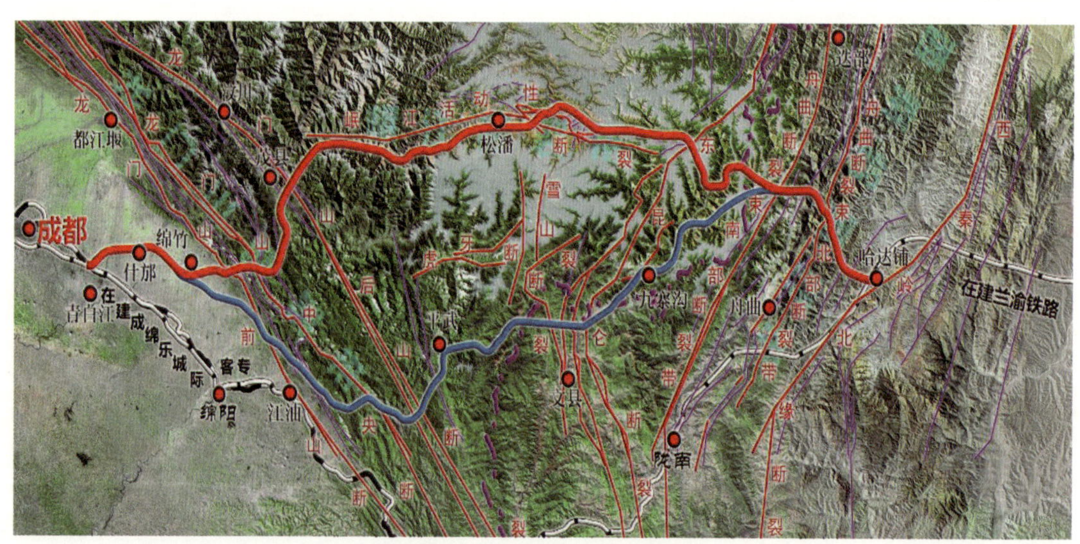

图 1-1 “A”形格架构造图

沿线的岩性以千枚岩、板岩为主，夹砂岩、灰岩、页岩（含煤层），零星分布花岗岩。占线路长度约 70% 的段落岩体为极为软弱破碎的板岩、炭质板岩、片岩、千枚岩，受构造影响，多表现出强烈的揉皱变形和挤压破碎，软岩和破碎岩体岩性条件极差。

全线工程地质上呈现出典型的“四极三高”特征，即“地形切割极为强烈、构造条件极为复杂活跃、岩性条件极为软弱破碎、汶川地震效应极为显著；高地壳应力、高地震烈度和高地质灾害风险”。

1.2.2 生态环境十分敏感

成兰铁路位于岷山山系和西秦岭边缘，该区域环境具有“原始、独特、敏感、脆弱”的特点，生物多样性丰富，也是全球生态热点地区之一。为保护区域生态环境划定的自然保护区、风景名胜区、森林公园、地质公园数量多，保护面积大，是国内最为密集的地区之一，各级敏感区紧密相连，纵横交错，形成了整体性很强的保护区域。该区域还是少数民族的聚集地，宗教信仰浓厚。

1.2.3 工程建设异常艰难

由于成兰线要克服地形地质极为复杂、绕避环境条件极为敏感以及地震后次生灾害频发等问题，造就了成兰铁路桥隧工程密集，长大深埋隧道、高桥大跨特殊桥梁较多，全线桥隧比达 85.8%。车站设置困难，全线新建车站共计 16 座，其中有 10 座车站设于隧道及桥上；高墩大跨桥梁有 3 座，最大跨径 276m ；一级风险隧道共 10 座，大于 15km 隧道 9 座，最长隧道为平安隧道（28.43km）。

1.2.4 交通环境极为不便

成兰铁路过安县后进入龙门山，需穿越龙门山、岷山、西秦岭等山脉，地形切割强烈，大部分地段相对高差在 1000 ~ 3000m 之间。线路穿越地表高程大于 2000m 地段长度高达 350km，且穿越地段大多为原始森林及高原无人区，常年温度较低，空气稀薄，特别是弓杠岭—热摩柯的 50km 无人区段，海拔高度为 3000 ~ 4500m，本段无人区勘察期间曾 3 次修建便道，每次修建长度均在 30km 以上。

我们针对以上工程、环境特点，为有效解决工程推进中的各种技术难题，确保铁路建设和运营安全，以国内现有的、成熟的技术成果为依托，开展了一系列工程试验和科研活动。案例以隧道穿越活动断裂、断层带、高地应力软岩大变形、岩溶、涌突水、有毒有害气体、浅埋等不良地质、特殊地质构造处理及洞口高陡边坡控制技术等为背景，尊重科学，通过集成、完善、创新，形成了隧道穿越活动断裂与断层带控制技术、隧道高地应力软岩大变形控制技术、隧道岩溶、涌突水灾害控制技术、隧道有毒有害气体控制技术、隧道洞口高陡边坡控制技术等一系列重要成果，为成兰铁路安全有序推进提供了有力支撑和保障。在此将修建过程中隧道穿越不良地质地段的典型案例分类编著，以飨读者。

平 安 隧 道
L—28427m
榴桐寨隧道
L—16271m
镇江关
龙塘
太平
云屯堡隧
L—2292
金瓶岩隧道
L—12765m
茂县
跃龙门隧道
L—19981m
什邡西
杨家坪隧道
L—12822m
绵竹南
高川
安县
柿子园隧道
L—14069m

第2章

隧道穿越活动断裂与断层带控制技术典型案例

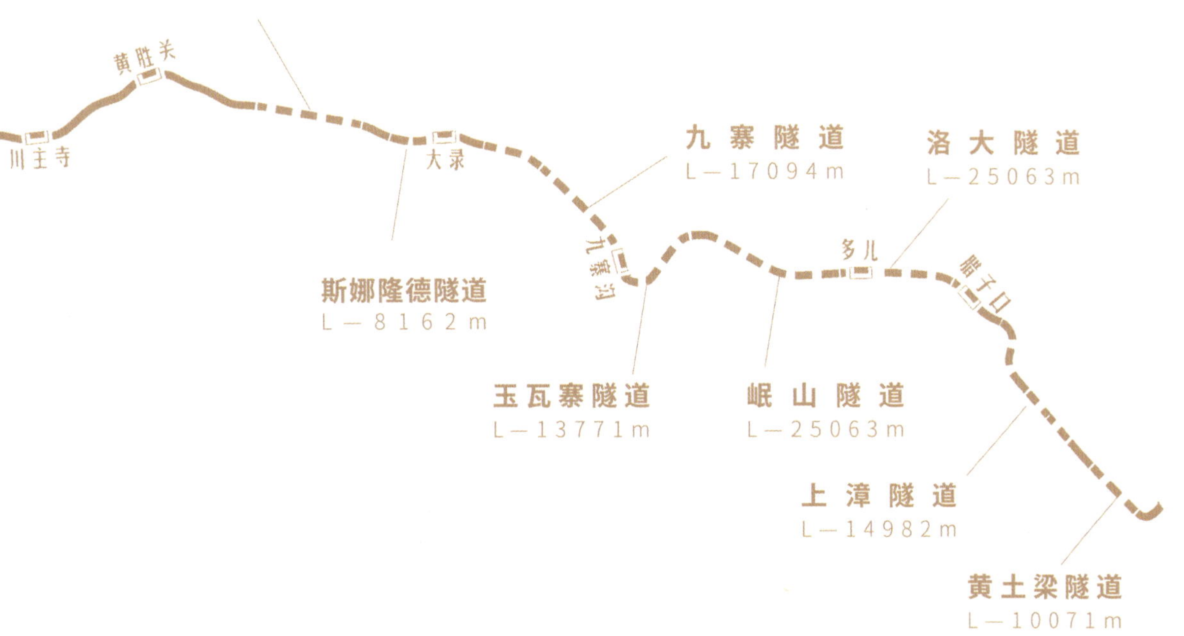

柿子园隧道

2.1.1 工程概况

柿子园隧道左线全长 14069m，进口 D2K76+696 ~ D3K87+350 段 10654m 为单洞合修隧道，其余段为双洞分修隧道；线路纵坡为 17.8‰及 6‰的单面上坡；隧道最大埋深约 680m。本隧辅助坑道采用“4 横洞”的设置方案。

隧址区属龙门山带地槽之前龙门山褶断印支构造层，隧道主要穿越龙门山前山断裂带、太平场倒转向斜构造带、龙门山中央断裂带三大构造体系。前山断裂带与太平场倒转向斜构造带以板厂沟断层为界，太平场倒转向斜构造带与龙门山中央断裂带相互交错影响，每个构造体系中断层、褶皱极其发育，岩层多陡倾、直立或倒转，地质构造十分复杂。隧道共穿越 13 条断层，6 条褶皱核部及 2 条褶皱的一翼，其中穿越的龙门山前山断裂、彭县（现彭州市）—灌县断裂、龙门山中央断裂以及映秀—北川断裂都属于活动断裂，在汶川“5 · 12”地震中发生错断活动。隧道穿越地层主要为中生代和古生代（T-D）沉积岩，可溶岩段落约 9.5km（T_2j+l、P_2、P_1、C_1zn、D_3tn、D_2gn），非可溶岩段落约为 3.57km（T_3x，T_1f+t），岩溶弱 ~ 中等发育，局部强烈发育。预测隧道正常涌水量 $8.6\times10^4m^3/d$。雨季最大涌水量 $21.5\times10^4m^3/d$。本区地震动峰值加速度 0.2g，如图 2-1 所示。

不良地质：活动断裂、岩溶、有害气体、大变形、泥石流、危岩落石、高地应力、顺层、涌水、突泥等。

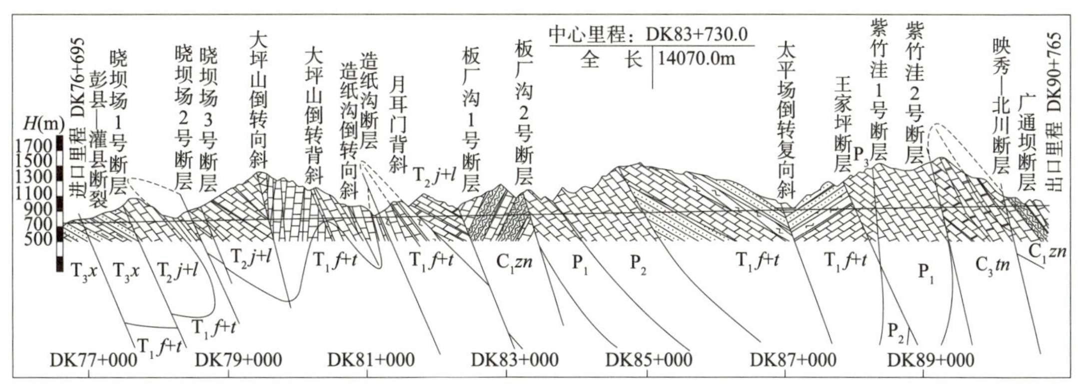

图 2-1 柿子园隧道纵断面示意图

2.1.2 柿子园隧道不良地质及处置要点

2.1.2.1 柿子园隧道进口工区（D2K76+900 ~ D2K77+025）

1）不良地质现象

隧道穿越高烈度地震区龙门山前山活动断裂带。

2）施工图地质情况

该活动断裂与线路地表交于 D2K76+892 ~ D2K76+912，与洞身交于 D2K76+920 ~ D2K76+938，交角 48°。断层特征：逆冲兼右旋走滑断层，水平和垂直活动滑动速度均为 1mm/a。断层总体走向 N35° ~ 50°E，倾向 NW，倾角约 50°。上盘为 T_3x 泥灰岩夹砂岩的层间断裂，“5・12”地震最新破裂面；破碎带宽度 20m，如图 2-2 所示。

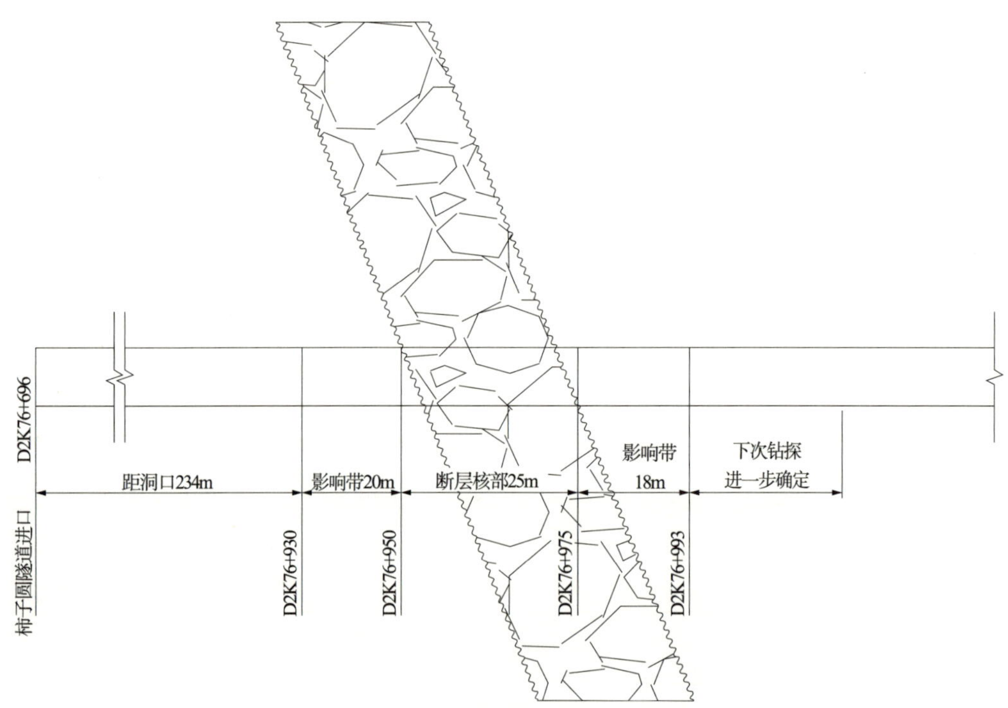

图 2-2 揭示断层与隧道位置关系示意图

3）现场揭示地质情况

开挖揭示围岩均为三叠系上统须家河组（T_3x）泥灰岩夹砂岩，节理密集，岩体破碎，地下水弱发育，稳定性差。砂岩呈灰黑色，中厚层状，层厚 40 ~ 50cm，钙质胶结，岩体完整较好，节理较发育。泥灰岩夹砂岩夹有煤线，呈灰黑色，薄层状，层厚 3 ~ 5cm，泥钙质胶结，岩体较破碎，节理发育。层面产状 N30°E/47°NW；发育多组节理，产状：N87°W/25°NE，间距 20 ~ 30cm；N82°E/20°NW，间距 70cm；N80°W/59°SW，间距 30 ~ 40cm；N45°W/54°NE，间距 20cm。砂岩中节理发育程度较泥灰岩弱，掌子面揭露地质情况如图 2-3 所示。

a）　b）　c）　d）

图 2-3　柿子园隧道掌子面揭露地质情况

4）现场处置要点

（1）隧道衬砌断面改为近圆形断面，比普通断面扩挖 30cm 作为预留补强空间，如图 2-4 所示。

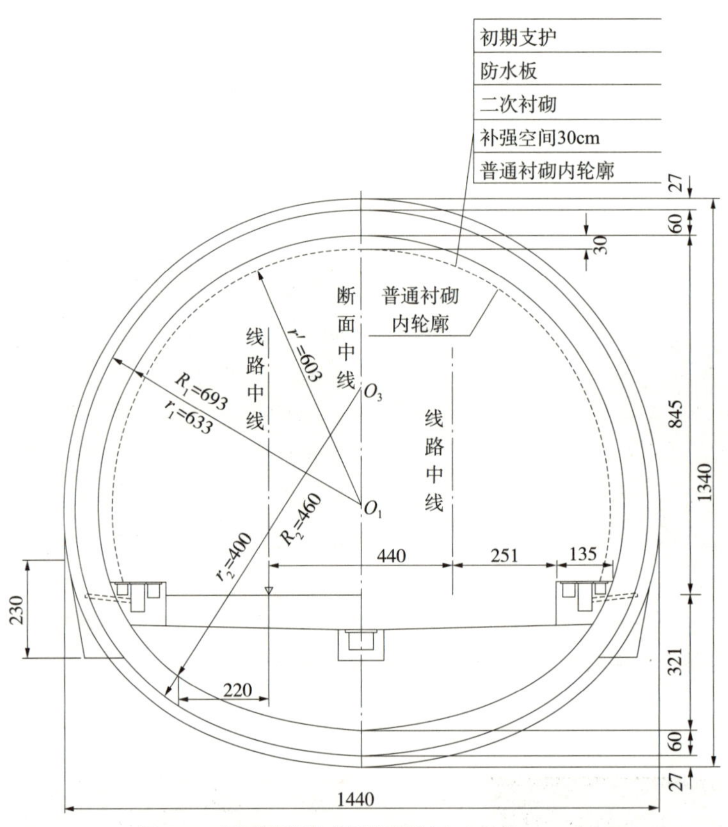

图 2-4　活动断裂衬砌轮廓（尺寸单位：cm）

（2）初期支护采用全环 I20b 型钢钢架，拱墙采用系统锚杆、钢筋网、C30 早强纤维喷射混凝土支护。

（3）初期支护与二次衬砌均设置变形缝，间距 5m，形成铰链连接，如图 2-5 所示。

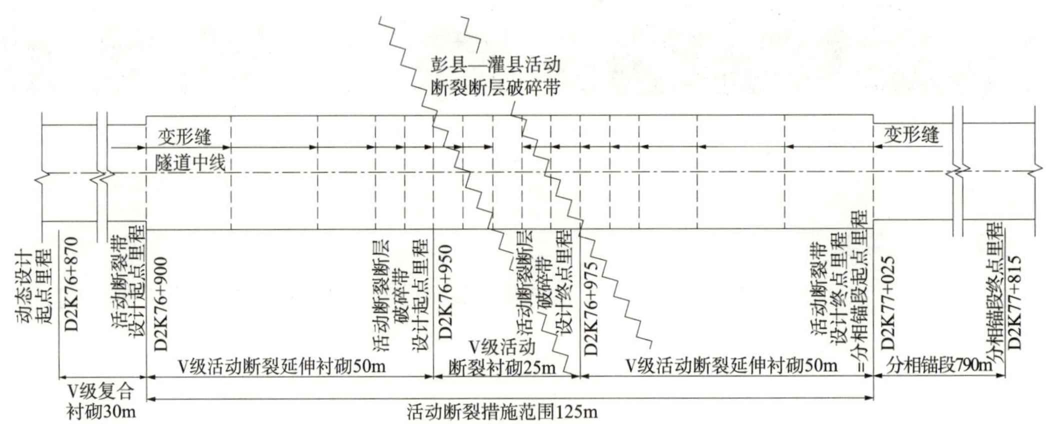

图 2-5　活动断裂动态设计段落平面示意图

（4）将 D2K76+900 ~ D2K77+025 段轨道类型调整为有砟轨道。

施工完成后的活动断裂带衬砌断面，比普通衬砌断面扩大 30cm，如图 2-6 所示。

a）

b）

c）

图 2-6　活动断裂带衬砌断面

5）采取措施后的效果

通过加强支护、预留二次补强空间、调整轨道结构类型等措施，提高了支护结构的安全性、可靠性和适应性，施工完成至今，区域内共发生 3.0 级以上地震 22 次，通过震后结构受力检测数据分析，支护结构受力良好，抗震能力强，稳定性好，能保障后期运营安全。

6）集成技术及创新点

（1）首次采用“组合宽变形缝”技术，形成隧道二衬铰链连接的形式，有效地减弱地震时对隧道结构的破坏，保证了隧道的安全。

（2）采取扩大断面形式、调整衬砌断面为近圆形等措施，使结构更稳定，提升抗震能力。

（3）调整轨道类型，采用比无砟轨道更具抵抗和调节变形能力的有砟轨道。

2.1.2.2 柿子园隧道5号横洞工区（D2K90+190～D2K90+226、YD2K90+152～YD2K90+188）

1）不良地质现象

隧道穿越龙门山中央活动断裂带。

2）施工图地质情况

北川—映秀活动断层为“5·12”地震最新破裂面，与洞身左线交于D2K90+204～D2K90+220、右线交于YD2K90+166～YD2K90+184，交角84°；断层为逆冲兼右旋走滑断层，线路相交段走向N80°E，倾向NW，倾角约70°，上盘为C_1zn灰岩，下盘为D_3tn白云岩，破碎带宽约20m。

3）现场揭示地质情况

柿子园隧道左线D2K90+190～D2K90+226、右线YD2K90+152～YD2K90+188段为龙门山中央断裂——映秀—北川断层核部，断裂带位置与施工图有差异。上盘为石炭系下统总长沟群（C_1zn）灰色～灰白色石灰岩夹紫红色砂页岩，与泥盆系上统唐王寨群（D_3tn）浅灰色～棕灰色、薄～厚层状的白云岩夹数层白云质灰岩的分界线范围内。下盘为石炭系下统C_1zn石灰岩夹紫红色砂泥岩。断层表现为节理密集段，岩体破碎，岩溶弱发育，地下水弱发育，围岩级别为Ⅴ级，如图2-7所示。

a）

b）

图2-7 隧道开挖揭示围岩情况

北川—映秀断裂与铁路线路大角度相交，交角84°；断层在地表交于线路左线里程D2K90+170～D2K90+190段，交于右线里程YD2K90+150～YD2K90+170段；断层洞身交于左线里程D2K90+204～D2K90+220段，右线交于YD2K90+184～YD2K90+204段；

隧道穿越断裂破碎带。

4）现场处置要点

（1）活动断层带范围内轨道类型调整为有砟轨道，为实现有砟轨道衬砌与无砟轨道衬砌间水沟顺接，左线 D2K90+050 ~ D2K90+140 段和右线 YD2K90+030 ~ YD2K90+102 段共 162m，采用有砟轨道衬砌断面无砟轨道衬砌填充。

（2）断裂带核部及影响带范围衬砌断面调整为有砟轨道衬砌断面。

（3）断裂带核部及影响带范围采用单心圆Ⅴ级活动断裂（延伸）衬砌，周边衬砌相应加强调整，如图 2-8 所示。

图 2-8 活动断裂（延伸）衬砌情况

（4）衬砌环向施工缝间距调整为 4m。

5）采取措施后的效果

柿子园隧道穿越映秀—北川活动断裂带衬砌整体采用“大刚度圆环形衬砌 + 组合变形缝”形式，并于拱墙预留 30cm 的补强空间，施工过程中采用“短台阶开挖封闭 + 临时横撑”施工方法，隧道初期支护紧跟开挖面及时施作，合理安排工序时间，初期支护体系成环时间可控制在 10 ~ 12d 以内，确保环形初期支护体系的整体受力结构，且有利于机械化快速施工，施工工期至少压缩近 4 个月，经济效益显著，安全性可靠。

6）集成技术及创新点

（1）采用“节段设计”的理念。柿子园隧道穿越映秀—北川活动断裂带衬砌根据断层错动时隧道的变形特征，首次采用了“节段设计”的理念，即尽量减小隧道节段长度，使断层带及其两侧一定范围内的节段保持相对独立，各刚性隧道节段间采用刚度相对较小的柔性连接。在断层错动时，破坏集中在连接部位或结构的局部，而不会导致结构整体性破坏。

（2）针对性地采用了“大刚度圆环形衬砌 + 组合宽变形缝”的技术措施，通过工艺、工法的优化，加强管控，隧道短台阶快速闭合成环，有效控制断裂带围岩变形速率；对隧道宽变形缝首次采用钢板止水带，创新实现了宽缝的设置和施工。结合柿子园隧道工程实例现场试验和应用效果，充分说明了“节段设计”理念的科学性、适应性；在震后活动区，可确保在断层错动时，主动形成节段连接部位破坏而不会导致整体结构性破坏，从而保证了活动断裂带隧道整体施工质量安全，为运营安全提供有力保障。

2.1.2.3 柿子园隧道 1 号横洞工区

1）不良地质现象

穿越晓坝场 2 号断层、晓坝场 3 号断层破碎富水带。

2）施工图地质情况

晓坝场 2 号断层与线路地表交于 D2K78+470 ~ D2K78+490，与洞身交于 D2K78+534 ~ D2K78+548，逆冲兼右旋走滑断层，走向 N40°E，倾向 NW，倾角约 70°。断层上盘为（T_2j+l）灰岩夹白云质灰岩，下盘为（CT_1f+t）砂岩、泥岩夹白云质灰岩。破碎带宽度 50 ~ 80m。物探揭示差异明显，D2K78+365 ~ D2K78+613 段，电阻率极低，为条带状反映，并且附近反演电阻率梯度值大，断层影响带较宽。晓坝场 3 号断层与线路地表交于 D2K78+580 ~ D2K78+625，与洞身交于 D2K78+662 ~ D2K78+700，逆冲兼右旋走滑断层，断层总体走向 N400E，倾向 NW，倾角 70°~75°。上下盘均为（T_2j+l）灰岩夹白云质灰岩，破碎带宽度 50m，物探揭示为反演电阻率梯度快速变化带。

3）现场实际揭示地质情况。

围岩为三叠系下统飞仙关和铜街子组（T_1f+t）泥岩夹砂岩，呈紫红色，薄层状，泥质胶结，岩体较软。岩层扭曲严重，节理发育，切割呈角砾状，稳定性差。地下水弱发育，呈滴水状，局部滴水成线，为 V 级围岩，如图 2-9 所示。

4）处置思路

以“岩变我变”的理念，采取长锚杆对围岩进行加固，提高围岩的自稳能力，有效减少围岩变形，降低发生初期支护侵限的风险。

5）现场处置要点

（1）将预留变形量加大至 30cm。

a) b) c) d)

图 2-9 隧道开挖揭示围岩情况

(2) 增加边墙系统锚杆长度，调整为 6m/ 根。

(3) 采取径向注浆加固围岩。

6) 采取措施后的效果

采取上述措施后，初期支护表面圆顺，未出现起皮、开裂、掉块现象，无变形、侵限问题，支护结构稳定，隧道安全顺利通过断层带。

采取处理措施后的效果如图 2-10 所示。

a) b)

图 2-10

c)

图 2-10 采取措施后隧道初期支护效果

2.1.2.4 柿子园隧道 2 号横洞工区（D2K81+230 ~ D2K81+330）

1）不良地质现象

D2K81+230 ~ D2K81+330 穿越造纸沟断层。

2）施工图地质情况

造纸沟断层与线路地表交于 D2K81+210 ~ D2K81+230，与洞身交于 D2K81+224 ~ D2K81+254。地质构造为逆断层，走向 N30°E，倾向 NW，倾角约 60° ~ 70°（物探解释），地表出露不明显。上、下盘均为（T_2j+l）灰岩夹白云质灰岩，破碎带宽度 20 ~ 50m，物探揭示差异明显。D2K81+170 ~ D2K81+270 段，电阻率极低，为条带状反映，并且附近反演电阻率梯度值大，断层影响带较宽。

3）现场实际揭示地质情况

围岩为造纸沟断层破碎带物质，呈泥质夹灰岩、泥灰岩角砾，密实，原岩层面结构已经基本破坏，结构面不明显，稳定性较差；地下水弱发育，呈渗水 ~ 滴水状，如图 2-11 所示。

a）

b）

图 2-11

c）

图 2-11　隧道开挖揭示围岩情况

4）现场处置要点

（1）边墙采用自进式锚杆，锚杆长度调整为 6m/ 根。

（2）严格控制锚杆施作角度，尽可能垂直岩层。

（3）加大预留变形量，将预留变形量调整为 15 ~ 30cm。

5）采取措施后的效果

采取上述措施后，初期支护表面圆顺，未发生起皮、开裂、掉块现场，通过监测数据显示，变形收敛，支护结构稳定，隧道安全顺利通过断层带，如图 2-12 所示。

图 2-12　隧道初期支护表面情况

6）集成技术及创新点

通过现场试验，严格控制锚杆的施作角度，尽可能垂直岩层或大角度施作，是发挥锚杆作用的关键，能有效提高围岩的自稳能力，实现了“主动控制围岩”的动态管理理念。

2.1.2.5 柿子园隧道4号横洞工区（D3K87+350 ~ D3K87+500）

1）不良地质现象

合分修过渡段通过断层时出现大变形开裂。

2）施工图地质情况

4号横洞与隧道左线交叉点为D3K87+600，在该工区范围内，隧道洞身在D3K87+380 ~ D3K87+460处穿越王家坪断层，大里程（断层上盘）为二叠系上统（P_2）灰岩，小里程（断层下盘）为三叠系下统飞仙关组和铜街子组（T_1f+t）泥岩、砂岩夹白云质灰岩；工区位于太平场倒转向斜构造带与龙门山中央断裂带两大构造体系的交错影响带。龙门山中央断裂带的断裂束总体走向呈N40° ~ 60°E，倾向NW，倾角60° ~ 80°，为逆冲兼右旋走滑性质，4横工区的王家坪断层属于龙门山中央断裂带的一条羽状分支断层，受太平场倒转向斜构造应力场影响，走向呈N52°W，倾向NE，倾角60° ~ 75°，为压扭走滑断层，隧道与之交角为26°。围岩以泥岩夹泥灰岩，泥质含量较重，以软岩为主，呈黄褐色、灰褐色；节理裂隙发育，隙间充填有泥质，岩体较破碎。

3）现场揭示地质情况

柿子园隧道穿越龙门山前山断裂带、太平场倒转向斜造带、龙门山中央断裂带三大构造带，本段位于太平场倒转向斜造带、龙门山中央断裂带两大构造带的交错带，构造极其发育。围岩岩性为三叠系飞仙关组和铜街子组（T_1f+t）泥岩夹泥灰岩。该段位于太平场倒转向斜的北翼，距离向斜核部约600m；位于王家坪断层和穿越王家坪1号断层之间，两条断层描述如下。

王家坪断层与线路地表左线交于D3K87+380 ~ D3K87+460，与洞身左线交于D3K87+610 ~ D3K87+645，与线路夹角为26°，属于压扭走滑断层，走向N52°W，倾向NE，倾角约56°，上盘为二叠系上统（P_2）灰岩，下盘为三叠系下统飞仙关组和铜街子组（T_1f+t）砂岩、泥岩夹白云质灰岩。断层破碎带宽约30m。本次设计范围处于王家坪断层下盘，距离王家坪1号断层约200m，属于断层影响带，岩层间次级构造极其发育，节理面附近岩体糜棱化，泥质及钙质（泥灰岩、灰岩及泥钙质结晶体）团块重胶结，镜面现象较多。掌子面泥质含量重，岩体破碎，现场不易量取岩层产状，趋势与区域产状一致，倾角稍缓，区域产状N50°W/38°NE。

王家坪1号断层属于王家坪断层的次级断层，断层性质与王家坪断层相同，地表被第四系物质覆盖，出露不明显，与隧道洞身交于D3K87+155 ~ D3K87+350，属于压扭走滑断层，走向N63°W，倾向NE，倾角约65°，与线路夹角约28°，为三叠系下统飞仙关组和铜街子组（T_1f+t）砂岩、泥岩夹白云质灰岩层间断层，为泥岩和泥灰岩接触带，上盘为泥岩，下盘为泥灰岩，破碎带宽约 80m，隧道穿越宽度约 195m，呈密实土夹泥灰岩颗粒状，不富水，上盘泥岩段，岩质较软，受构造影响严重，镜面现象多见。

2014 年 8 月，合分修过渡段过断层出现大变形开裂，如图 2-13 所示。

a）D3K87+410 掌子面照片

b）D3K87+427 掌子面照片

图 2-13　隧道掌子面情况

4）成因分析

柿子园隧道 4 横工区左线小里程 D3K87+350 ~ D3K87+368 合分修过渡段位于龙门山构造带，存在高地应力，线路与构造线方向小角度相交，高地应力对隧道稳定性不利。岩体软弱，在地下水作用下进一步恶化，围岩稳定性变差，隧道易发生变形，此外双洞小净距施工是诱发变形的重要因素。

5）处置思路

通过增设迂回导坑改变施工组织掘进方向的同时，进一步减小高地应力、地下水软化围岩的影响，降低施工风险。重点是优化调整隧道边墙和仰拱的受力结构、弧度曲率、仰拱深度，同时采用长锚杆和孔口管注浆补强，加固围岩，整体提高隧道初期支护体系和周边围岩的受力结构强度。

6）现场处理措施

（1）施工组织方向优化

鉴于合分修过渡段的地质、地应力的复杂条件，由分修单线段向合修大跨段施工，工序转化风险极高，不可控；暂停单线段施工组织，增设迂回导坑辅助坑道，绕开喇叭口大跨段施工，从合修段向分修段反方向组织施工，如图 2-14 所示。

（2）高应力及水害缓解

针对该区域整体高地应力的环境现状，通过增设迂回导坑辅助施工可使应力重新分布，释放合分修过渡段整体高地应力；同时迂回导坑的施工，可进一步改善合分修过渡段的地下水流向，缓解地下水对围岩（泥岩、泥灰岩）的软化作用，为后续施工创造有利条件。

a）

b）

图 2-14　增设迂回导坑辅助坑道进行绕行施工

（3）变形监测网设置

针对变形区段布设变形监测网，分为“裂缝发展动态监测”+“高地应力监测”两部分，相互结合、相互验证、综合分析，为施工提供科学有效、合理优化的数据支撑，如图 2-15 ~图 2-17 所示。

图 2-15　迂回导坑设置变形监测网

图 2-16　分修段衬砌开裂段设置变形监测网

a）

b）

图 2-17　分修段衬砌拆除采用机械凿除施工

（4）小净距中隔墙对拉加固

D3K87+350 ~ D3K87+368 段两分修隧道间岩柱采用 ϕ32 预应力锚杆对拉加固，锚杆布设间距为 1.0m（环）× 1.0m（纵）。

（5）优化断面改善受力结构

鉴于隧道衬砌拱脚、边墙与仰拱连接处在高地应力、围岩软化情况下会产生较大的塑性变形，且原设计断面仰拱曲率较小，结构受力不利，通过优化仰拱的弧度及厚度，加大仰拱曲率，增加仰拱拉应力和填充混凝土的轴心抗拉强度等措施优化隧道断面，改善受力结构。

（6）边墙、仰拱长锚杆加固措施

为进一步满足隧道衬砌拱脚、仰拱的受力要求，D3K87+368 ~ D3K87+410 段边墙、仰拱采用 ϕ32、长 6m 的砂浆长锚杆进行补强加固，锚杆间距为 1.5m × 1.5m（环 × 纵）。采取措施如图 2-18 ~ 图 2-20 所示。

a）

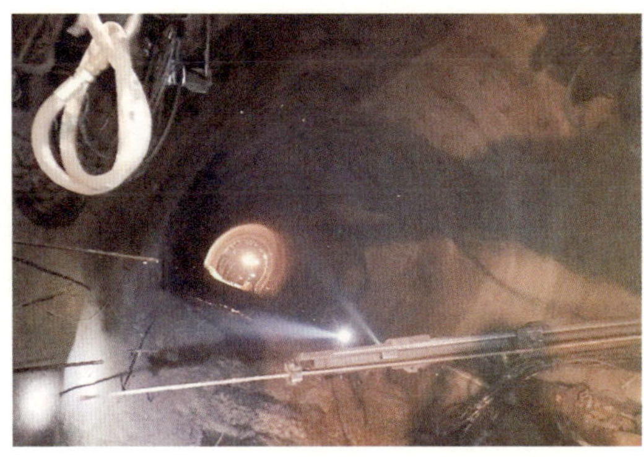

b）

图 2-18　隧底拆换后进行加深设置、隧底设置加长锚杆

图 2-19　小净距中隔墙对拉加固

图 2-20　孔口管注浆加固

（7）变形段围岩加固

鉴于该区段整体为软岩变形段，围岩受力承载力不足的情况，采用孔口管注浆加固围岩、提高围岩整体强度；注浆范围为隧底开挖轮廓线外5m，间距2.5m×1.5m（纵 × 环）。

7）采取措施后的效果

针对本合分修过渡段通过断层时出现大变形开裂的情况，通过技术措施的优化和施工组织顺序的系统调整，使工程安全施工顺利开展，并通过对开裂处理段落的全过程监控量测，使得隧道的设计与施工运作纳入科学的动态管理中，确保了隧道施工的安全和工程建设质量。

茂县隧道

2.2.1 工程概况

茂县隧道左线拉通隧道全长 9913m，分修段右线长 8595.34m。隧道进口 D8K125+250 ~ D8K126+540 段 1290m 左、右线合修，于 D8K126+540 开始分修。线路设计为单面上坡，最大埋深约 1656m。最大实测水平主应力达 27.5MPa，垂直应力 16MPa。本隧道辅助坑道模式采用“2 斜井 +3 平导”方案。

隧道进口段隐伏茂县 1 号背斜，洞身穿越茂汶断裂、九顶山断层及牟托十里铺背斜、木杷倒转向斜、茂县 2 号倒转背斜。受区域构造影响，段内岩体破碎，节理裂隙发育，千枚岩等软岩质软，遇水易软化发生坍方和围岩变形。地下水以岩溶水、基岩裂隙水为主，水量丰富，深孔钻探揭示地下水头高，施工中易发生突水、突泥和围岩变形，预计雨季最大涌水量为 $4.2\times10^4 m^3/d$。隧道围岩为留系茂县群第五组（Smx^5）绢云千枚岩夹灰岩、砂岩，第四组（Smx^4）炭质千枚岩、绢云石英千枚岩夹泥质灰岩，第二组（Smx^2）炭质千枚岩、绢云石英千枚岩夹砂岩、灰岩，第一组（Smx^1）炭质千枚岩夹砂岩、灰岩；奥陶系（O）灰岩、大理岩；寒武系（∈）砂岩，泥灰岩、硅质岩、磷质灰岩，断层角砾（*Fbr*）；稳定性差，围岩易发生坍塌、掉块和变形。段内地层含炭质千枚岩，地下水一般具侵蚀性，侵蚀性等级为 H1；D8K128+850 ~ D8K131+440、D8K133+250 ~ D8K134+490 段寒武系含磷地层，地层侵蚀等级为 H2，地震动峰值加速度为 0.3*g*，如图 2-21 所示。

不良地质：活动断裂、高地应力、涌水、岩溶、有害气体、放射性、危岩落石、泥石流、顺层等，特殊岩土为季节性冻土。

2.2.2 茂县隧道不良地质及处置要点

2.2.2.1 茂县隧道一号斜井工区（XJ1K0+628 ~ XJ1K0+208）

1）不良地质现象

穿越活动断裂导致软岩大变形。

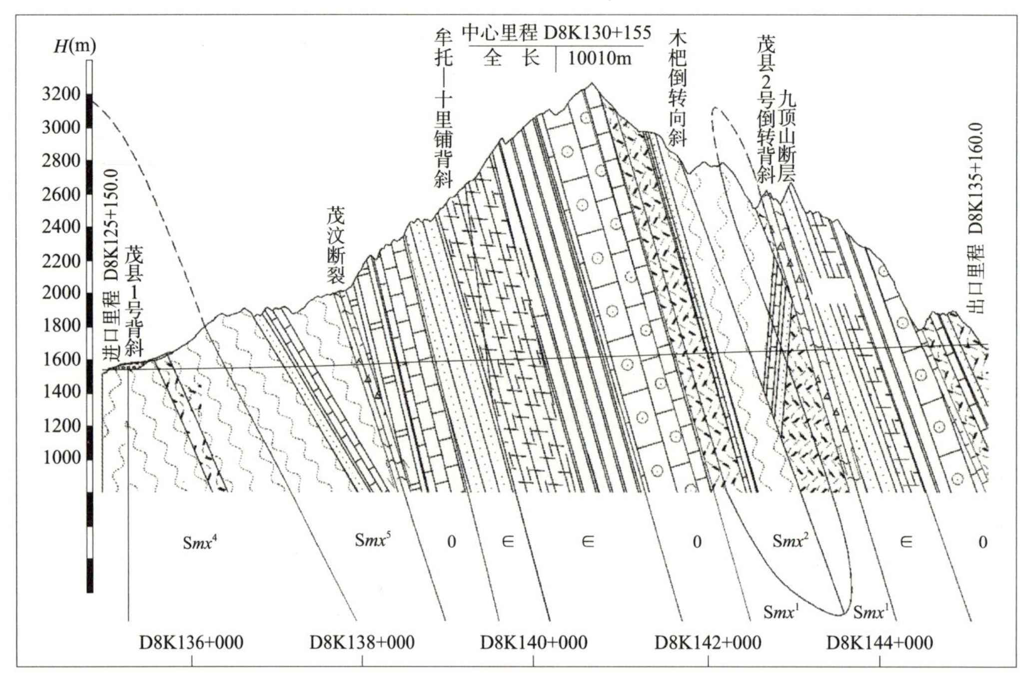

图 2-21　茂县隧道纵断面示意图

2）施工图地质情况

围岩岩性均为志留系茂县群第五组炭质千枚岩，呈灰黑色、鳞片变晶结构，碎裂状构造，岩体极破碎，节理裂隙极发育，围岩稳定性差。该地区构造地应力较高，隧道埋深较大，区域应力场较高，隧道通过岩性为千枚岩、砂岩、灰岩等，局部夹炭质千枚岩，埋深较大地段可能发生软岩大变形，硬质岩段落可能发生岩爆。

该段穿越茂汶活动断裂（龙门山后山断裂），该断裂带为一条北东向的压扭性大断裂。断层走向 N40°E，倾向 NW，倾角 70° ~ 80°，破碎带宽度 300 ~ 400m，局部达 450m。活动断裂对工程影响大，隧道须加强设防。

3）现场揭示地质情况

根据超前地质预报综合判识结果确定该段岩性为志留系茂县群第五组炭质千枚岩夹石英脉，灰黑色，鳞片变晶结构，碎裂状构造，受断裂构造影响极严重，岩体极破碎，节理裂隙极发育，围岩稳定性差，存在高地应力，围岩级别为Ⅴ级。开挖揭示为志留系茂县群第五组炭质千枚岩夹石英脉，围岩节理裂隙极发育，岩体软弱，局部湿润，岩体稳定极差，如图 2-22 所示。

4）处置思路

极高地应力控制性释放是重要手段。通过分部开挖的时空效应将洞周边一定范围内的应力进行逐步释放，从而降低周围岩石应力值，对隧道结构应力分布有调整作用，进而达到有效控制围岩变形、保持隧道初期支护结构基本稳定的目的。

a）断裂起始端开挖揭示

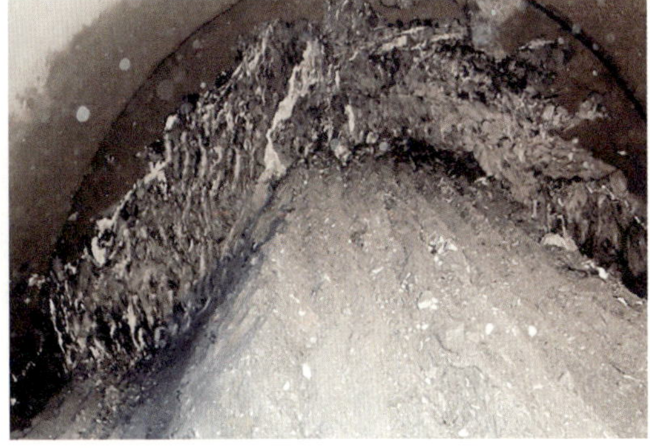

b）活动断裂核部开挖揭示

图 2-22　断裂开挖揭示图

5）现场处置要点

（1）现场重新测地应力，一号斜井 XJ1K0+060 处用应力解除法实测地应力资料，测段最大主应力为 27.51MPa，方向为 N19.3°W，倾角为 15.2°。

（2）初期支护全环普通格栅 + ϕ 28 中空组合锚杆（8.0m）+ 二次支护 I20b 型钢（0.5m/ 榀）。

（3）初期支护 I20b 型钢 + ϕ 28 中空组合锚杆（8.0m）+ 二次支护 I20b 型钢（0.6m/ 榀）。

（4）初期支护 H175 型钢 + ϕ 32 自进式长锚杆（8.0m）+ 二次支护 I20b 型钢（0.6m/ 榀）。

（5）补强措施主要包括底板换仰拱、拱墙套拱及打设自进式锚杆。

处理后照片如图 2-23 ~ 图 2-25 所示。

图 2-23　斜井底板设置仰拱

图 2-24　拱墙增设套拱

图 2-25　边墙打设自进式锚杆

6）集成技术及创新点

一号斜井所处的围岩条件与正洞存在很高的相似性，在一号斜井工区选择典型段落进行“辅洞正作”的大变形试验，通过试验确定正洞相关设计参数及处理措施。

主要集成技术有如下 4 点。

（1）刚柔并济的综合初期支护体系。

支护参数由原设计 I18、I20 逐步调整到 H175 型钢、喷混凝土厚度由 23 ~ 25cm 增加到 27 ~ 30cm、增加 12 ~ 16 根锁脚锚杆，刚柔并济的综合初期支护体系极大地加强了对围岩变形的约束，减少了变形量，避免单一支护措施失效，实现了可控性释放。

（2）改善受力，提高锁脚强度和拱架整体稳定性。

加强支护结构锁脚的稳定，防止锁脚处拱架突出变形，每榀钢架设 12 ~ 16 根锁脚锚杆，使拱架受力更趋均匀，避免拱架节点处因应力集中而破坏。

（3）长锚杆。

现场正洞松动圈测试为 5m，在试验段应用了 8m 长锚杆。施工中长锚杆与拱架、锁脚、注浆等措施共同形成初期支护体系，能够更好地控制变形。

（4）工序化适时注浆。

根据前段变形发展，在隧道开挖后先施作注浆管，待变形发展到 1/3 预留变形量时进行注浆补强。

2.2.2.2　茂县隧道进口工区（左线 D8K127+400 ~ D8K128+130，右线 YD8K127+400 ~ YD8K128+130）

1）不良地质现象

穿越活动断裂导致软岩大变形。

2）施工图地质情况

岩性主要为炭质千枚岩。该段内岩体破碎，节理裂隙发育，存在极高地应力，围岩稳定性差。茂县隧道进口附近发育茂汶活动断裂（龙门山后山断裂）：为一条北东向的压扭性大断裂，断层走向 N40°E，倾向 NW，倾角 70° ~ 80°，呈 75° 相交。破碎带宽度 300 ~ 400m，局部达 450m。据《新建成都至兰州铁路重要桥梁工程场地地震安全性评价报告》（2011 年 8 月）对活动断裂的分析，该断层为 Q_3-Q_4 活动断层。断层上盘（NW 盘）为奥陶系（O）灰岩、大理岩，地层产状 N52°E/76°NW，下盘（SE 盘）为志留系茂县群第五组（Smx^5）绢云千枚岩夹灰岩、砂岩，地层产状为 N56°E/71°NW。

茂汶活动断裂（龙门山后山断裂）为一条北东向的压扭性大断裂。断层走向 N40°E，倾向 NW，倾角 70° ~ 80°，破碎带宽度为 300 ~ 400m，局部达 450m。断裂带埋深大，地应力高，最大主应力 27.51MPa，可能发生软岩大变形。

3）开挖揭示地质情况

围岩为茂汶断层破碎带，原岩为志留系茂县群炭质千枚岩、千枚岩，局部夹石英脉，灰黑色，受构造挤压影响严重，岩体破碎；掌子面无水，围岩整体稳定性较差。根据地表调绘、深孔钻探及地质调查法、TSP（隧道地震勘探）法、超前钻探成果报告及斜井开挖揭示等资料分析确定茂汶活动断层与左、右线洞身相交于 D8K127+687 ~ D8K128+080、YD8K127+691 ~ YD8K128+084，断层带宽 393m，如图 2-26 所示。

a）活动断裂带进口端开挖揭示

b）活动断裂带核部开挖揭示

图 2-26　断裂带开挖揭示图

4）处置思路

在实施过程不断吸收国内先进技术，结合大变形隧道围岩变形时空效应的规律特点，总结软岩大变形段双层支护的工艺原理及二次支护施作时机，按照分部位、分工序、平衡及限时的原则和“先让后抗”的理念进行双层初期支护施工，解决因初期支护难以抵抗围岩变形侵入而造成的反复拆换。

5）现场处置要点

（1）根据隧道穿越活动断裂带等试验专题及科研成果，结构类型调整为有砟轨道，采用圆形断面，二次衬砌内净空预留 30cm 补强空间。

（2）采用双层支护，两层钢架均采用全环 HW175 型钢钢架，间距为 0.6m/ 榀，并分次施作；使用连接工字钢代替连接钢筋；锁脚锚杆采用 ϕ28 树脂药包锚杆，单根长 6m；喷混凝土采用 C30 早高强喷混凝土，一次支护喷混凝土厚 25cm，二次支护喷混凝土厚 21cm。

（3）边墙系统锚杆采用 ϕ32 自进式锚杆，单根长 10m，间距 1.0m × 1.2m（环 × 纵）；拱部采用长短锚杆交错布置，先施作短锚杆，采用树脂药包锚杆，单根长 4m，长锚杆采用 ϕ32 自进式锚杆，单根长 10m，拱部锚杆综合间距 1.0m × 1.2m（环 × 纵）。

处理后的照片，如图 2-27 ~ 图 2-29 所示。

a）

b）

图 2-27　优化后的圆形断面二衬

图 2-28　DCM3-90 锚杆台车施工自进式长锚杆

图 2-29　拱部采用树脂药包锚杆

6）集成技术及创新点

“长短锚杆”结合的快速锚固技术，适应双层初期支护的施工工艺。开挖后短锚杆先行设置，长锚杆适时跟进补强，长短结合、标本兼治，解决了传统单纯长锚杆控制变形不及时的问题。工序上层次分明，互不干扰，适应了双层初期支护施工的流程，提高了严重大变形段锚杆的锚固效果并加快了整体的施工进度。

红桥关隧道

2.3.1 工程概况

红桥关隧道进口里程 D2K253+710，出口里程 D2K256+890，全长 3169.33m，线路设计为单面上坡，最大埋深约 410m。

红桥关隧道穿越发育岷江活动断裂，破碎带宽约 382m 及川主寺 1 号推测断层；受区域性构造影响，区内岩体节理、裂隙发育，层间挤压破碎，揉皱较发育，层理产状变化大，岩体完整性较差；地下水对混凝土结构侵蚀等级为 H1；隧道进口端埋深小于 50m，覆盖层厚度 5 ~ 40m 不等，土质松散，稳定性较差，边仰坡容易发生坍滑，洞身易产生坍方冒顶的可能；特殊岩土为季节性冻土；隧道穿越地层为三叠系上统新都桥组（T_3x）炭质板岩夹砂岩及三叠系（T_3zh）板岩、砂岩夹炭质板岩。

不良地质：活动断裂，大变形，滑坡，泥石流，季节性冻土。

2.3.2 红桥关隧道不良地质及处置要点

红桥关隧道出口工区（D2K255+340 ~ D2K255+123.6）

1）不良地质现象

断裂带软岩大变形。

2）施工图地质情况

红桥关隧道 D2K255+340 ~ D2K255+123.6 段岩性为三叠系（T_3zh）板岩、砂岩夹炭质板岩。

3）现场实际揭示地质情况

经现场核实 D2K255+340 ~ D2K255+123.6 段岩性主要为板岩、炭质板岩，薄层状，岩质软。岩层走向与线路小角度相交，倾向掌子面右侧，倾角 55° ~ 70°。

4）成因分析

受岷江断裂构造影响，局部层理扭曲，挤压揉皱明显，局部可见层间挤压破碎带，节理裂隙发育 ~ 极发育，围岩破碎 ~ 极破碎，岩体呈碎块状、角砾状。掌子面有串珠状水流出，板岩、炭质板岩遇水易软化，拱顶掉块严重，围岩稳定性极差，易发生围岩变形，如图 2-30 所示。

a）

b）

图 2-30 隧道掌子面情况

5）现场处置要点

（1）采用中等大变形衬砌（中等大变形非绝缘下锚、中等大变形一般锚段）。初期支护全环设 HW175 型钢钢架，纵向 0.6m/ 榀。

（2）拱部设 ϕ42 超前注浆小导管，纵向 3.0m/ 环，单根长 4.5m，每环 38 根。

（3）拱部设 ϕ22 中空组合锚杆，长 4.0m，边墙设置 ϕ25 中空锚杆，长 8.0m。

（4）全环设置 HPB300ϕ8 钢筋网片。

处理后的情况如图 2-31 ~ 图 2-32 所示。

a）

b）

图 2-31 施作长锚杆

a）

b）

图 2-32　径向注浆加固

6）采取措施后的效果

采取措施后，监控量测数据表明围岩的变形受到有效的控制，保证了施工安全，如图 2-33 所示。

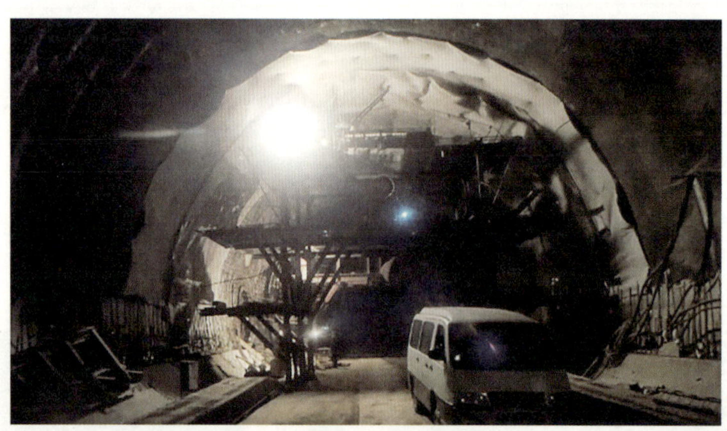

图 2-33　隧道初期支护情况

本章小结

成兰铁路隧道穿越的断裂带一共 36 处，其中交角小于 45° 的小角度 12 处，交角大于 45° 的大角度 24 处。其穿越不同的地层和岩性，断裂及断层的表现形式不同。其中，柿子园、跃龙门、茂县隧道直接穿越龙门山前山、中山、后山主断裂，红桥关穿越岷江断裂主断裂。其发生的不良地质现象主要有破碎带、大变形、突水突泥、溜塌。应对上述不良地质问题，可从以下几个环节着手，保证施工安全、有序、稳妥进行。

（1）勘察环节

应做到在勘察环节对活动断裂带与断层的工程特性的初步探明，包括隧道内断层与破碎带的辨识、断层破碎带塌方预警、断层破碎带突水突泥、主要地质因素的判断等，为设计及施工提供可靠依据。

（2）设计环节

应遵循断裂带与断层设计基本原则，根据现场实际采用动态设计，针对隧址区特殊地质情况可以采用“节段设计”、优化隧道轮廓设计、调整轨道设计等，提升支护结构的稳定性，保证隧道结构的整体性。

（3）施工环节

超前地质预报在活动断裂带与断层区段需做到综合物探与超前钻探结合，保证探测结果准确、全面。在高风险区段实施全过程监控量测，将隧道的设计与施工运作纳入科学的动态管理中，使工程始终处于良好的运行状态。开挖后补充勘察结果，以勘察、预报、监测与动态设计为依托，针对活动断裂带及次生灾害特性，采用扩挖、大刚度圆环形衬砌、组合宽变形缝、长锚杆、工序化注浆、综合初期支护体系、软岩隧道松动圈注浆施工技术等措施，有效应对地震、断裂带软岩大变形、溜塌等施工难题，确保隧道施工安全、工程质量和后期运营安全。

平安隧道
L—28427m
榴桐寨隧道
L—16271m
跃龙门隧道
L—19981m
镇江关
龙塘
太平
茂县
金瓶岩隧道
L—12765m
云屯堡隧
L—2292
杨家坪隧道
L—12822m
什邡西
三星堆
绵竹南
安县
高川
柿子园隧道
L—14069m

第3章

隧道高地应力软岩大变形控制技术典型案例

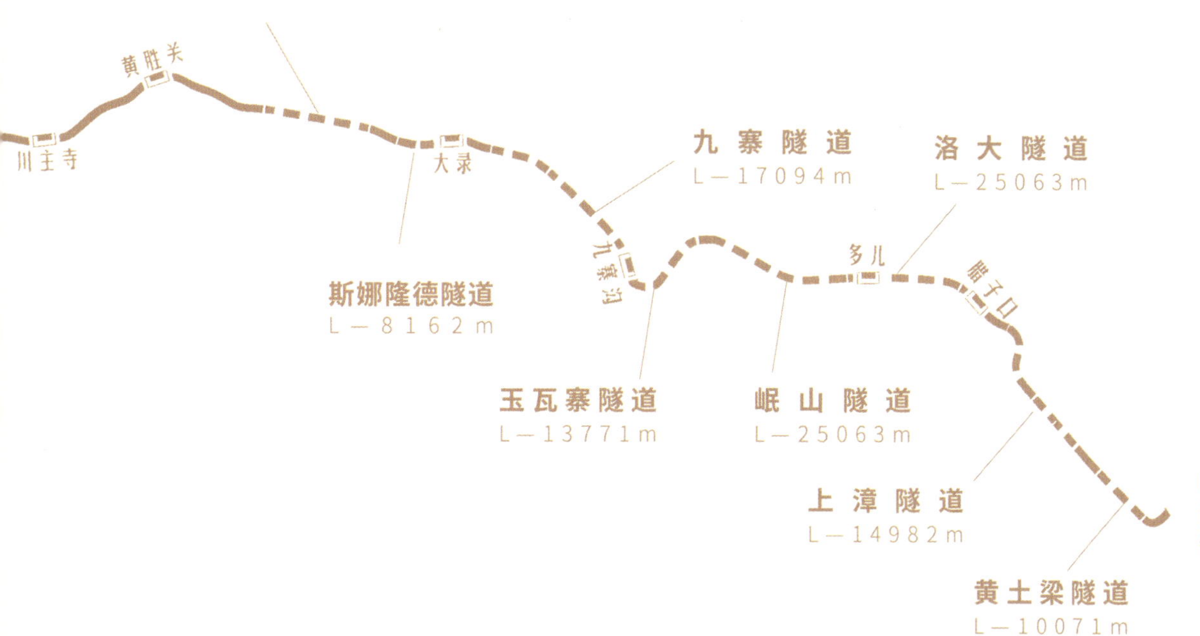

跃龙门隧道

3.1.1 工程概况

跃龙门隧道为双洞分修隧道，左、右线线间距为 29.999 ~ 62.493m。左线进口里程 D2K91+004，出口里程 D2K110+985，左线全长 19981m。线路设计为单面上坡，最大埋深 1445m。本隧辅助坑道采用“1 平导 +3 斜井 +2 横洞”的设置方案。

隧道处于中央断裂与后山断裂之间的构造发育带，段内发育有千佛山 1 号断层、千佛山断层、土主庙断层及大屋基倒转背斜、老林口倒转复向斜、半山腰倒转复背斜；受区域性断裂带影响，段内岩体破碎，节理裂隙发育，围岩稳定性差，区内地震动峰值加速度为 0.2g，如图 3-1 所示。地下水以土层孔隙潜水和基岩裂隙水、断层带水为主，岩溶、断层及向斜等构造地段局部水量较大，易发生较大的涌水突泥，预测本段最大涌水量约 $9.5\times10^4 m^3/d$，段内含炭质地层地下水侵蚀等级为 H1，含磷地层地下水侵蚀等级为 H2，其余地段不具有侵蚀性。隧道出口发育土主庙滑坡，以松散的块石土为主，土层较厚，稳定性差；段内洞身埋深大，处于高地应力场，辉绿岩侵入岩脉地段易发生岩爆，炭质千枚岩、千枚岩、炭质页岩等软质岩易发生大变形；受地温梯度影响，

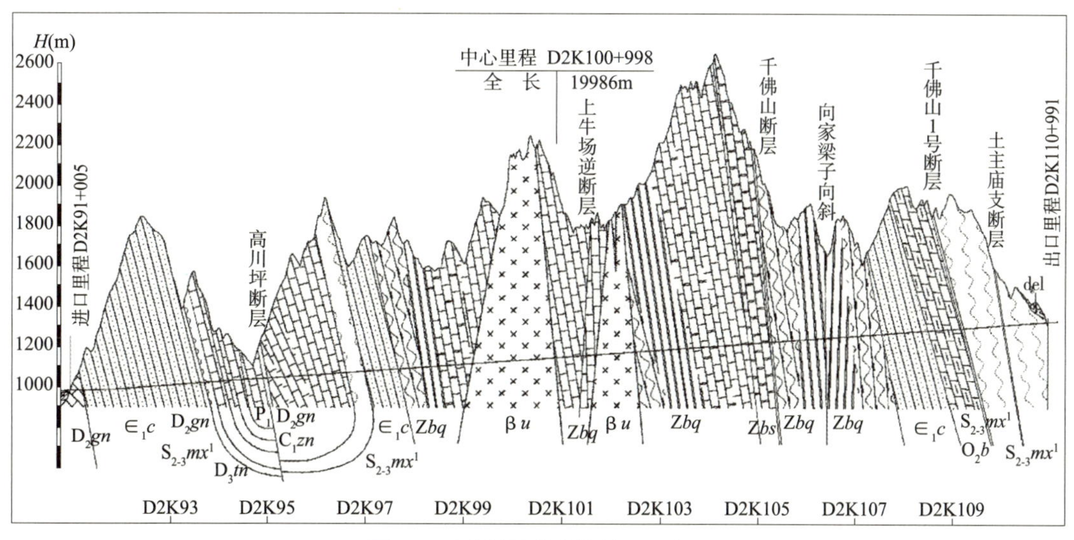

图 3-1 跃龙门隧道纵断面示意图

D2K99+940 ~ D2K100+720 及 D2K102+900 ~ D2K104+880 段洞身地温推算预测值介于 28 ~ 38.2℃，属低高温带；侵入岩和茂县群变质岩局部存在一定放射性；含炭质地层具有产生有害气体的可能。

不良地质：高地应力、活动断裂、大变形、岩溶、高地温、有害气体、岩爆、放射性、危岩落石、泥石流、涌水、突泥、顺层。

3.1.2 跃龙门隧道不良地质及处置要点

3.1.2.1 跃龙门隧道 3 号斜井工区（平导 PDK99+660 ~ PDK100+050）

1）不良地质现象

高地应力软岩大变形。

2）施工图地质情况

PDK99+660 ~ PDK100+050 段临近大屋脊倒转复背斜，该背斜发育于绵竹市与茂县交界处的鱼洞口至大屋基附近，隧道于 D2K99+460 穿越核部，交角 43°，轴向近于东西延伸，东段在大屋基一带逐渐转向东南，随即倾没。SE 翼地层倒转，NW 翼地层正常。轴面倾向 N，倾角 60° 左右。次级褶曲大致平行呈同斜褶皱，雁行状排列。背斜核部沿构造线有数层辉绿岩岩脉，岩脉侵入时期早于褶皱形成。

3）现场揭示地质情况

PDK99+660 ~ PDK99+710 段：辉绿岩（$\beta\mu$），节理裂隙较发育，岩体完整性一般，岩质较硬；PDK99+710 ~ PDK99+945 段：炭质板岩、页岩夹砂质板岩、硅质岩，以炭质板岩、页岩为主（*Zbq*），以薄层状、片状为主，岩质软弱，构造挤压揉皱现象明显，炭质页岩、板岩的矿物定性排列现象多见；PDK99+945 ~ PDK100+015 段：炭质板岩、页岩夹砂质板岩、硅质岩（*Zbq*），其中砂质板岩、硅质岩较前段增多，岩体强度有所增强；PDK100+015 ~ PDK100+050 段：辉绿岩（$\beta\mu$），PDK100+015 ~ PDK100+025 段为侵蚀带，以辉绿岩为主，岩体裂隙极发育，隙间充填泥质，PDK100+025 ~ PDK100+050 段辉绿岩较为完整。2016 年 8 月，出现高地应力软岩大变形，如图 3-2 所示。

4）成因分析

PDK99+660 ~ PDK100+050 段埋深 720 ~ 1020m，位于大屋基倒转背斜核部附近的节理密集带，处于复杂构造的地应力环境场中，地应力水平高；岩体以炭质板岩、页岩为主，岩质软，构造发育，岩体破碎；围岩饱水、遇水软化、强度低等多种因素易引起大变形现象，如图 3-3 所示。

a）PDK99+750 掌子面围岩：炭质页岩、板岩

b）PDK99+795 掌子面围岩：炭质页岩、板岩夹砂质、硅质板岩

c）PDK99+820 掌子面围岩：炭质页岩、板岩

d）PDK99+960 掌子面围岩：薄层砂质钙质板岩夹炭质板岩

图 3-2 平导揭示围岩情况

图 3-3 钢架扭曲、初期支护剥落、开裂

5）现场处置要点

（1）对地应力进行实测，实测地应力水平主应力24.62MPa，垂直应力27.76MPa。

（2）采用圆形锚喷衬砌，全环采用HW175型钢钢架加强支护。

（3）拱部采用ϕ42小导管超前支护；拱墙采用6m长中空注浆锚杆；拱墙初期支护背后1.5m范围采用孔口管注浆，采取注浆后效果如图3-4所示。

图3-4　锚杆注浆效果

（4）针对开裂严重及钢架扭曲段落全环增设套拱，套拱采用HW175型钢；设置ϕ22纵向连接筋，环向间距1m；喷25cm厚C30混凝土。

（5）加强监控测量工作，增加衬砌及仰拱观测点，有效监测变形情况。

（6）为了避免洞群效应，平导外移。

6）采取措施后的效果

采用凿岩台车等专用设备施作系统锚杆，大大缩短了锚杆的施作时间，保证了质量，并采用初凝时间较短的注浆材料进行注浆，基本初凝时间在30～40min，且能有效保证锚杆注浆效果，缩短支护封闭成环时间，保证支护整体效果，进一步保证了平导大变形的施工组织和质量控制，安全可靠。

7）集成技术及创新点

（1）根据围岩大变形特点，采用圆形断面、型钢及套拱加强支护和长锚杆措施减少高地应力软岩大变形，如图3-5～图3-8所示。

（2）采用平导外移增大平行巷道间距，减少洞群效应。

（3）针对断面特点进行设备选型，采用配套的开挖机械进行全断面一次开挖，减小对围岩的多次扰动，实现软弱围岩小断面机械化配置配套应用，如图3-9、图3-10所示。

图 3-5 平导采用圆形断面

图 3-6 全环采用长锚杆加固围岩

图 3-7 第一层初期支护采用 H 型钢

图 3-8 H 型钢套拱加强支护

图 3-9 平导大变形采用凿岩台车开挖

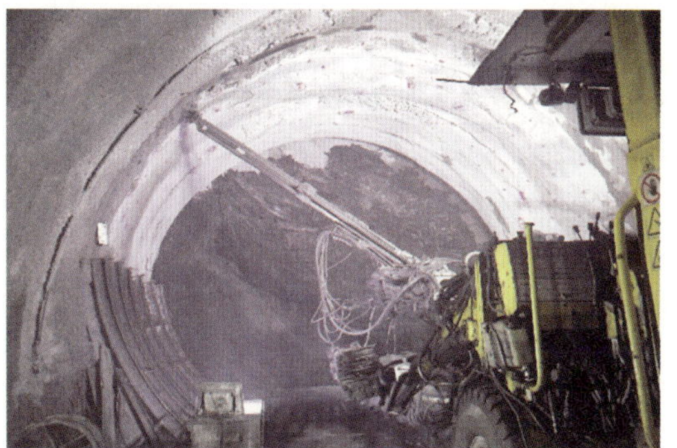

图 3-10 凿岩台车施工长锚杆

3.1.2.2 跃龙门隧道 3 号斜井工区（D2K99+665 ~ D2K99+918、YD2K99+ 655 ~ YD2K100+020）

1）不良地质现象

高地应力软岩大变形。

2）施工图地质情况

D2K99+665 ~ D2K99+918、YD2K99+655 ~ YD2K100+020段临近大屋脊倒转复背斜，该背斜发育于绵竹市与茂县交界处的鱼洞口至大屋基附近，隧道于D2K99+460位置穿越核部，交角43°，轴向近于东西延伸，东段在大屋基一带逐渐转向东南，随即倾没。SE翼地层倒转，NW翼地层正常。轴面倾向N，倾角60°左右。次级褶曲大致平行呈同斜褶皱，雁行状排列。背斜核部沿构造线有数层辉绿岩岩脉，岩脉侵入时期早于褶皱形成。

3）现场揭示地质情况

D2K99+665 ~ D2K99+675段围岩为晋宁期（βμ）辉绿岩；D2K99+675 ~ D2K99+685段为震旦系邱家河组（*Zbq*）炭质板岩夹砂质板岩、硅质岩，本段处于侵入岩蚀变带。辉绿岩岩质较硬，块状结构，节理较发育，围岩较完整，掌子面稳定性一般；炭质板岩夹砂质板岩、硅质岩，薄层状，岩质软硬相间，节理发育，围岩较破碎，掌子面稳定性较差；地下水弱发育，呈潮湿状。

D2K99+685 ~ D2K99+888段掌子面围岩为震旦系邱家河组（*Zbq*）炭质板岩、页岩夹砂质板岩，以炭质板岩为主，薄层 ~ 片状，岩质软；受区域构造运动影响，岩层间小褶曲多见，岩层产状凌乱，节理极发育，岩体极破碎；掌子面稳定性较差，拱部掉块现象较严重；地下水弱发育，呈潮湿状，局部滴水。

D2K99+918 ~ D2K99+888段掌子面围岩为震旦系邱家河组（*Zbq*）炭质板岩夹砂质板岩、硅质岩，岩质较软，薄层状，节理较发育，围岩破碎，掌子面稳定性较差；地下水弱发育，呈潮湿状。

根据对应平导段开挖揭示地质情况及支护、变形情况和本段超前地质预报，综合判定D2K99+665 ~ D2K99+685、YD2K99+655 ~ YD2K99+675、YD2K99+002 ~ YD2K99+020段为轻微大变形段落；D2K99+685 ~ D2K99+695、YD2K99+675 ~ YD2K99+683、YD2K99+969 ~ YD2K100+002段为中等大变形段落；D2K99+695 ~ D2K99+888、YD2K99+683 ~ YD2K99+834段为严重大变形段落；D2K99+888 ~ D2K99+918段为中等大变形段落，YD2K99+834 ~ YD2K99+969段未开挖揭示，2017年5月及6月，因高地应力产生软岩大变形，如图3-11所示。

4）产生原因

该段埋深720 ~ 1020m，位于大屋基倒转背斜核部附近的节理密集带，处于复杂构造的地应力环境场中，地应力水平高；岩体以炭质板岩、页岩为主，岩质软，构造发育，岩体破碎；围岩饱水，遇水软化，强度低等多种因素易引起大变形现象。

a）

b）

图3-11 典型围岩影像

5）现场处置要点

（1）现场重新测试地应力，采取针对性的措施。

（2）轻微大变形段落采用大变形Ⅰ型衬砌：全环采用I20b型钢钢架加强支护，间距0.8m/榀。采用凿岩台车进行开挖，如图3-12所示；同时根据围岩情况及时调整短台阶工法，如图3-13所示。拱部系统锚杆采用ϕ22组合中空锚杆，每根长4m，边墙系统锚杆采用ϕ22砂浆锚杆，每根长6m，锚杆间距为1.2m×0.8m（环×纵）。拱部采用ϕ42小导管超前支护，每环27根，纵向间距为3.2m，环向间距0.4m，每根长4.5m。

图3-12 采用凿岩台车进行钻爆开挖

图3-13 6m短台阶循环进行、上台阶钻爆施工

（3）中等采用大变形Ⅱ型衬砌：预留变形量为30cm，全环采用HW200型钢钢架加强支护，间距0.6m/榀，如图3-14、图3-15所示。全环增设6m长系统锚杆，利用凿岩台

车施作锚杆，如图 3-16 所示。拱部系统锚杆采用 ϕ22 组合中空锚杆，每根长 4m，边墙系统锚杆采用 ϕ22 砂浆锚杆，每根长 6m，锚杆间距为 1.2m×1.2m（环 × 纵）。拱部采用 ϕ42 小导管超前支护，纵向间距为 3.0m，环向间距 0.4m，每根长 4.5m。

图 3-14　采用钢拱架安装机进行初期支护型钢安装施工

图 3-15　钢拱架纵向型钢加强支撑施工

图 3-16　采用凿岩台车进行系统锚杆施工

（4）严重大变形段落采用非大变形Ⅲ型衬砌：全环设置两层初期支护，第一层初期支护全环采用 HW200 型钢钢架加强支护，间距 0.6m/ 榀，拱墙预留变形量为 30cm；第二层初期支护全环采用 HW175 型钢钢架加强支护，间距 0.6m/ 榀，全环预留变形量为 15cm。系统锚杆采用“长短结合”的设置方式，短锚杆拱部采用 ϕ22 组合中空锚杆，边墙采用 ϕ22 砂浆锚杆，锚杆长均为 3m，间距为 1.2m×1.0m（环 × 纵）。长锚杆全环设置，其中拱部系统锚杆采用 ϕ25 树脂锚杆，每根长 6m，边墙、仰拱系统锚杆采用 ϕ22 砂浆锚杆，每根长 8m，间距均为 1.2m×1.2m（环 × 纵）。拱部采用 ϕ42 小导管超前支护，纵向间距为 3.0m，环向间距 0.4m，每根长 4.5m，如图 3-17 所示。

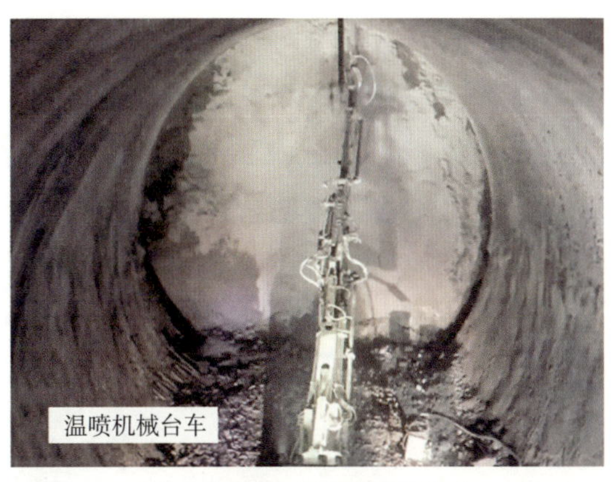

a）上台阶第一层初期支护施工

b）下台阶（带仰拱）第一层初期支护钢架安装

c）下台阶（带仰拱）第一层初期支护长锚杆及第二层支护钢架安装施工

d）第二层支护仰拱段回填施工

e）隧道锚杆施工

图 3-17 隧道严重大变形段落措施图

（5）D2K99+820 ~ D2K99+843 段全环采用孔口管径向注浆，注浆范围为开挖轮廓线外 3m，注浆孔间距为 2.5m × 1.5m（纵 × 环），如图 3-18、图 3-19 所示。

图 3-18　隧道全环进行孔口管加固注浆施工

图 3-19　拱墙长锚杆注浆

6）采取措施后的效果

针对左线软岩大变形段落施工过程中，严格把控上台阶的开挖长度，尽量缩短上台阶和隧底初期支护的封闭成环时间，施工过程中一次支护成环的时间为 15 ~ 20d；同时上台阶开挖立架后，立即施作锁脚锚管并注浆，控制上台阶的变形。采用凿岩台车施作系统锚杆和隧底加长锚杆，其可以保证拱部锚杆与岩面的垂直施工，高效完成隧道锚杆的施工，尤其在大变形长短锚杆施工中，凿岩台车钻杆可通过连接套管将钻杆加长，有效保证了长锚杆钻孔和安装，确保了锚杆施工质量，整体实现了大变形段“双层支护 + 长短锚杆群组”效应的技术要求，整体施工段落工期得到了有效保证，大变形施工控制效果显著，如图 3-20 所示。

a）第一层初期支护长锚杆施工

b）第二层初期支护拱墙钢架安装

图　3-20

c）第二层初期支护拱墙喷混凝土施工

d）双层初期支护封闭后效果

图 3-20　采取处理措施后效果

7）集成技术及创新点

（1）根据大变形特点和施工条件，软岩大变形段采用“双层支护＋长短锚杆群锚组合”大变形支护组合创新性新技术，效果明显。

（2）根据围岩适时调整台阶长度，实现“初期支护早闭环”，减少大变形值。

（3）根据围岩特点，采用围岩“径向注浆加固”是控制大变形的有效措施。

3.2 榴桐寨隧道

3.2.1 工程概况

榴桐寨隧道采用左、右线分修方案，左、右线间距 30 ~ 40m。左线隧道进口里程 D8K135+336，出口里程 D8K151+598，全长 16262m；右线隧道进口里程 YD8K135+316，出口里程 YD8K151+573.5，全长 16257.5m。线路坡度为单面上坡，左线隧道最大埋深约 1400m，右线隧道最大埋深约 1410m。本隧辅助坑道模式采用“3 横洞 +2 斜井”方案。实测水平主应力 26.7MPa，垂直应力 23.29MPa。

隧道穿越大岐山断层，火烧坡倒转背斜、永顶倒转向斜、火烧坡向斜。隧区发育 3 条断层，2 条向斜，1 条背斜，如图 3-21 所示。受构造影响，附近岩体节理裂隙发育，完

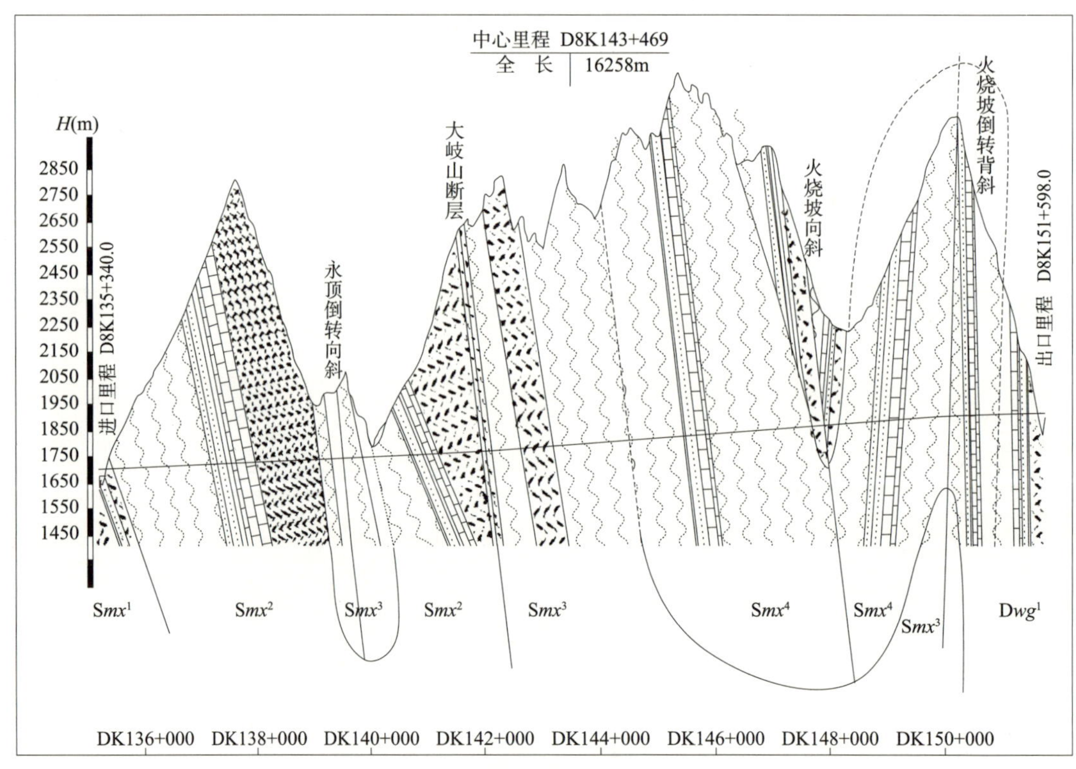

图 3-21 榴桐寨隧道纵断面示意图

整性差，富水性好。地下水主要为孔隙水、基岩裂隙水及构造裂隙水，局部灰岩夹层含少量岩溶水，隧道正常涌水量 $Q_{正}$=5.6×10^{4}m^3/d，雨季最大涌水量 $Q_{雨}$=6.72×10^{4}m^3/d。隧道主要穿越泥盆系危关群下组（Dwg^1）炭质千枚岩、千枚岩夹石英岩、灰岩；志留系茂县群第五组（Smx^5）千枚岩夹灰岩、砂岩；第四组（Smx^4）千枚岩夹泥质灰岩；第三组（Smx^3）千枚岩与炭质千枚岩、灰岩、砂岩、石英岩互层；第二组（Smx^2）千枚岩、炭质千枚岩夹砂岩、灰岩；第一组（Smx^1）炭质千枚岩夹砂岩、灰岩。

不良地质：高地应力、顺层偏压、岩溶、高地温、有害气体、放射性、危岩落石、滑坡、泥石流、岩堆，地应力高，大变形以中等～严重为主等；特殊岩土为季节性冻土。

3.2.2 榴桐寨隧道不良地质及处置要点

3.2.2.1 榴桐寨隧道 1 号横洞工区（D8K136+570 ～ D8K136+600 段、D8K136+715 ～ D8K136+765、YD8K136+545 ～ YD8K136+660、YD8K136+715 ～ YD8K136+765）

1）不良地质现象

高地应力软岩大变形。

2）施工图地质情况

榴桐寨隧道 D8K136+570 ～ D8K136+600、D8K136+715 ～ D8K136+765、YD8K136+545 ～ YD8K136+660、YD8K136+715 ～ YD8K136+765 段岩性为志留系茂县群第三组（Smx^3）千枚岩与炭质千枚岩、灰岩、砂岩、石英岩互层，灰黑色，节理裂隙发育，岩体破碎，岩质较软，易风化。

3）现场实际揭示地质情况

该段掌子面岩性主要为炭质千枚岩，鳞片变晶结构，碎裂状构造，弱风化，属软岩，如图 3-22 所示。围岩破碎，节理裂隙发育，围岩稳定性差。2015 年 8 月，出现高地应力软岩大变形（拱顶开裂部位造成纵向贯通裂缝，边墙开裂部位造成局部环向裂缝，造成拱顶钢架扭曲和初期支护剥落）。

4）成因分析

（1）受区域构造影响强烈，该段节理裂隙发育，岩体破碎，地应力较高。

（2）初期支护强度不足。在隧道开挖后，强大的地应力将作用到初期支护上，若初期支护强度和刚度不足将无法抵抗强大的地应力作用，就会产生大变形，如图 3-23 所示。

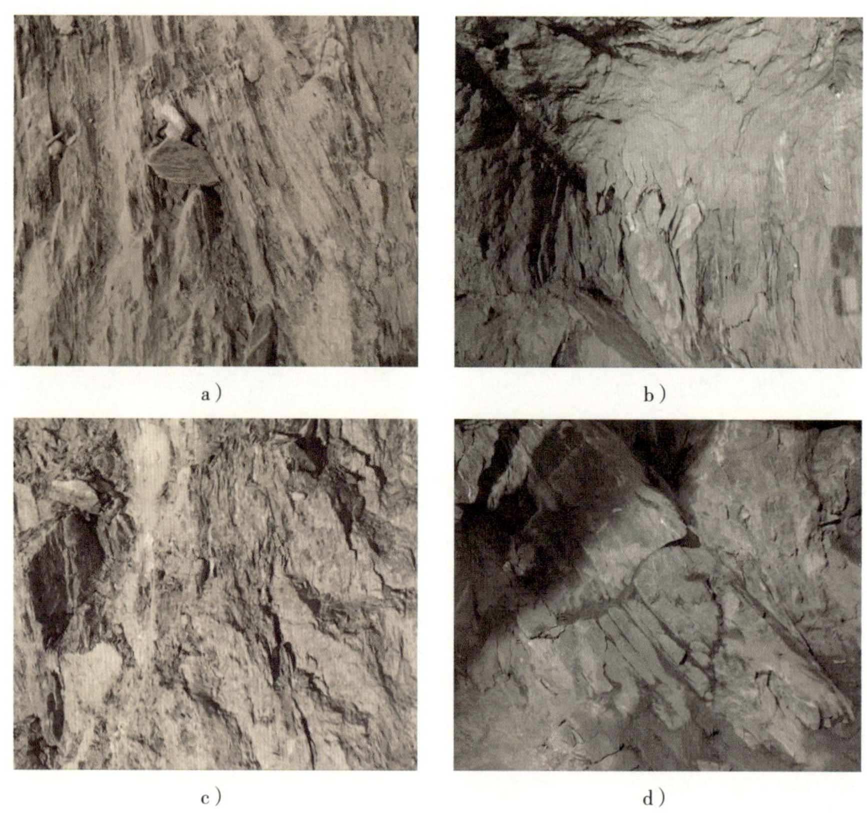

a） b） c） d）

图 3-22　掌子面地质情况

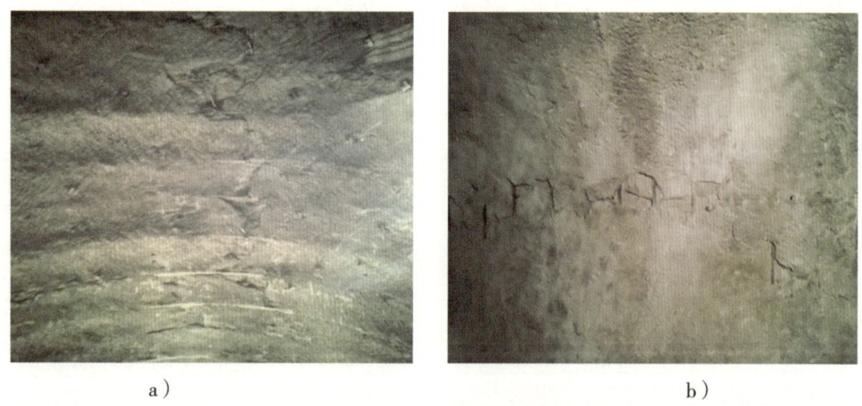

a） b）

图 3-23　初期支护开裂剥落

5）现场处置要点

（1）采用三台阶七步开挖法，每循环进尺控制在 0.8m，及时进行喷混凝土封闭，减少围岩暴露时间。

（2）断面轮廓改变为近椭圆形轮廓，比普通断面扩挖 30cm 作为预留变形量，初期支护采用全环 H175 钢架，间距 0.8m/ 榀。

（3）边墙施作 4.5m 长注浆锚管对围岩进行加固，环纵向间距 1.6m × 1.6m。

（4）采用 ϕ8 双层钢筋网片，网格间距 20 cm × 20cm；每榀钢架增设 8 根共 16 根锁脚锚管进行加强。

（5）加强围岩量测频次，实时掌握围岩的收敛和沉降情况，并根据量测结果及时施作二次衬砌，尽早封闭成环，如图 3-24 所示。

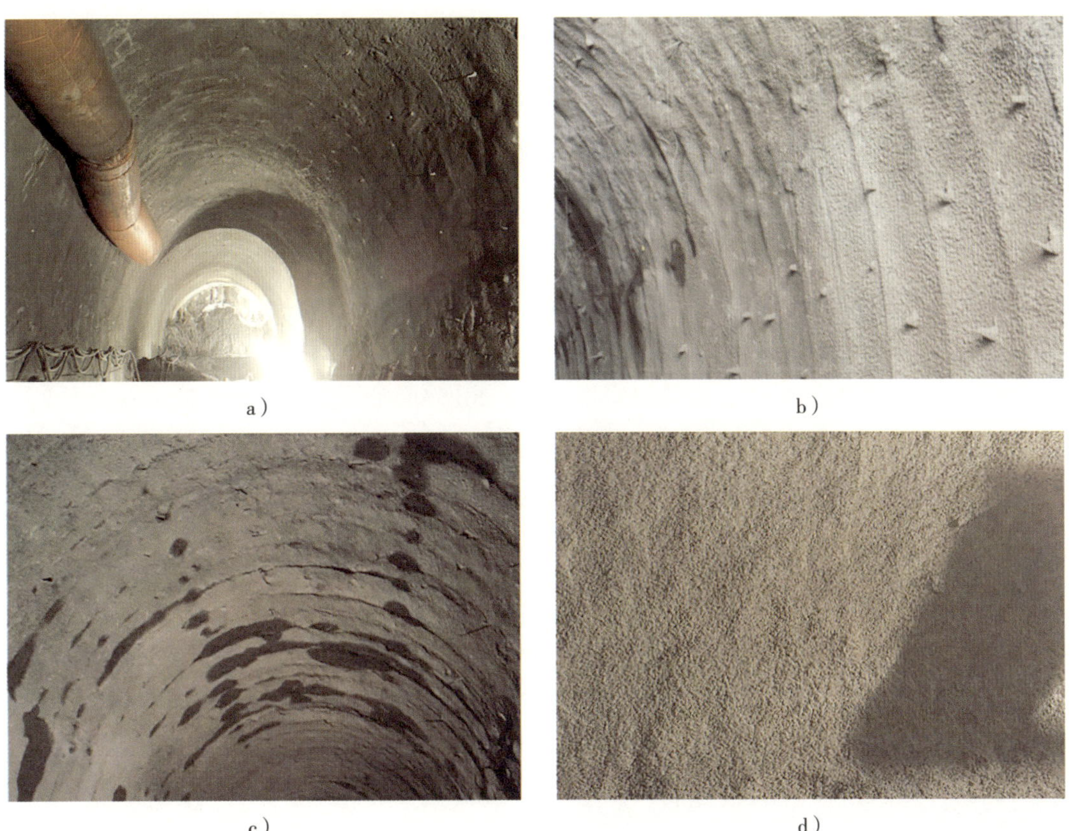

a）　b）　c）　d）

图 3-24　加固处理后效果

6）采取措施后的效果

通过以上措施，有效地控制了地应力的释放，围岩沉降和收敛趋于稳定，顺利通过了大变形地段，为后期工作的有序平稳推进奠定了坚实的基础。

7）集成技术及创新点

（1）大变形段采用三台阶七步开挖法，将断面进行分解，缩短工序时间快速施工，降低围岩暴露时间，使“初期支护早闭环”，防止结构过度变形造成失稳。

（2）选用圆形断面及长锚杆稳固措施，强化初期支护初期稳固性，防止围岩松动圈扩大。

（3）大变形隧道应贯彻“勤量测，早闭环”理念，选择合适的二次衬砌施作时机。

3.2.2.2 榴桐寨隧道2号斜井工区（YD8K142+300 ~ YD8K142+896）

1）不良地质现象

高地应力软岩大变形。

2）施工图地质情况

榴桐寨隧道YD8K142+300 ~ YD8K142+896段岩性为志留系茂县群第三组（Smx^3）千枚岩与炭质千枚岩、灰岩、砂岩、石英岩互层，灰黑色，节理裂隙发育，岩体破碎，岩质较软，易风化。

3）现场实际揭示地质情况

该段围岩岩性为志留系茂县群第三组（Smx^3）千枚岩，灰褐色、灰色，弱风化，泥质结构、千枚状构造。受区域构造影响，节理裂隙较发育，岩体较破碎，掌子面无水。开挖后拱顶及边墙有掉块现象，围岩稳定性一般。2015年10月，出现高地应力软岩大变形（拱顶中心偏线路右侧1.6 ~ 2m开裂部位造成纵向贯通裂缝，边墙开裂部位造成局部环向裂缝；造成拱顶钢架扭曲和初期支护剥落），如图3-25所示。

4）成因分析

（1）受区域构造影响强烈，该段地应力较高，埋深约766 ~ 1006m。

（2）岩性以灰色千枚岩为主，弱风化，泥质结构、千枚状构造，受区域构造影响强烈，节理裂隙发育，岩体破碎，岩质较软，如图3-26所示。

图3-25　YD8K142+575掌子面地质情况

图3-26　初期支护开裂变形

5）现场处置要点

（1）YD8K142+896 ~ YD8K142+865 段拱墙沿裂缝设 4 排径向 ϕ42 注浆小导管，间距 1.5m（环）×2.4m（纵），每根长 5m，注水泥浆，浆液配比及注浆压力由现场试验确定。

（2）YD8K142+896 ~ YD8K142+865 段二次衬砌拱墙采用钢筋混凝土。

（3）YD8K142+865 ~ YD8K142+845 段变形侵限段进行换拱加固处理，预留变形量为 25 ~ 35cm；采用全环设 H175 型钢钢架，间距 0.8m/ 榀。拱部采用 ϕ42 小导管超前支护；二次衬砌采用 45cm 厚钢筋混凝土。

（4）YD8K142+845 ~ YD8K142+755 段预留变形量为 25 ~ 35cm；采用全环设 H175 型钢钢架，间距 0.8m/ 榀。拱部采用 ϕ42 小导管超前支护；二次衬砌采用 45cm 厚钢筋混凝土。

（5）YD8K142+755 ~ YD8K142+300 采用榴桐寨隧道轻微大变形 Ⅰ 型衬砌，采用台阶法加临时横撑施作。全环设 I20b 型钢钢架支护，间距 0.8m/ 榀，如图 3-27 所示。

图 3-27　加固处理后效果

3.2.2.3　榴桐寨隧道 2 号斜井工区（D8K142+875 ~ D8K142+280）

1）不良地质现象

软岩大变形（拱腰线路右侧开裂部位造成纵向贯通裂缝，边墙开裂部位造成局部环向裂缝；造成拱顶钢架扭曲和初期支护剥落）。

2）施工图地质情况

榴桐寨隧道 D8K142+875 ~ D8K142+280 段岩性为志留系茂县群第三组（Smx^3）千枚

岩与炭质千枚岩、灰岩、砂岩、石英岩互层，灰黑色，节理裂隙发育，岩体破碎，岩质较软，易风化。

3）现场实际揭示地质情况

该段掌子面开挖揭示岩性为千枚岩、炭质千枚岩，灰色、灰黑色，弱风化，泥质结构、千枚状构造，掌子面无水，如图 3-28 所示。受区域构造影响，岩体中节理裂隙较发育。掌子面揭示局部有条带状石英脉，岩体较破碎。开挖后拱顶及边墙掉块，围岩完整性及自稳性较差。2015 年 12 月，出现软岩大变形。

图 3-28　D8K142+705 掌子面地质情况

4）成因分析

（1）受区域构造影响强烈，该段地应力较高，埋深约 781 ~ 1035m。

（2）岩性以灰色千枚岩为主，弱风化，泥质结构、千枚状构造，受区域构造影响强烈，节理裂隙发育，岩体破碎，岩质较软，如图 3-29 所示。

5）现场处置要点

（1）D8K142+765 ~ D8K142+280 段采用榴桐寨隧道轻微大变形 Ⅰ 型衬砌，采用台阶法加临时横撑施作。全环设 I20b 型钢钢架支护，间距 0.8m/ 榀。

（2）D8K142+855 ~ D8K142+765 段采用榴桐寨隧道中等大变形 Ⅱ 型衬砌，采用台阶法加临时横撑施作。全环设 HW175 型钢钢架支护，间距 0.8m/ 榀。

（3）D8K142+875 ~ D8K142+855 段预留变形量为 25 ~ 35cm；采用全环设 HW175 型钢钢架支护，间距 0.8m/ 榀。拱部采用 ϕ42 小导管超前支护，二次衬砌采用 45cm 厚钢筋混凝土，采取处理措施后效果如图 3-30 所示。

图 3-29　两侧边墙初期支护变形开裂

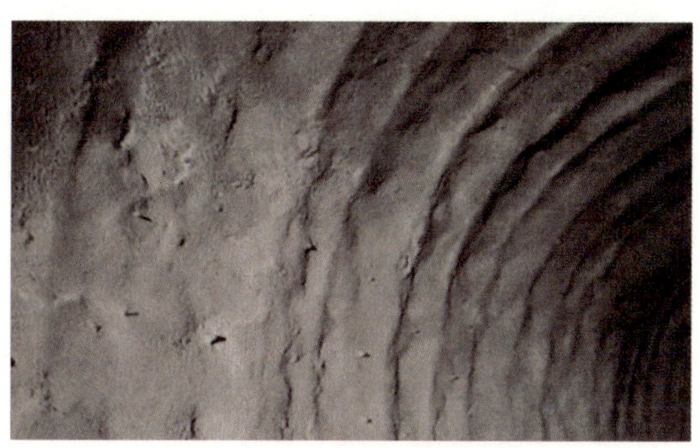
图 3-30　加固处理后情况

3.2.2.4　榴桐寨隧道 3 号横洞工区（D8K148+125 ~ D8K148+320、YD8K148+140 ~ YD8K148+320）

1）不良地质现象

高地应力软岩大变形（拱顶开裂部位造成纵向贯通裂缝，边墙开裂部位造成局部环向裂缝）。

2）施工图地质情况

榴桐寨隧道 D8K148+125 ~ D8K148+320、YD8K148+140 ~ YD8K148+320 段位于薛城 ~ 卧龙“S”形构造带北东段与石大关弧形构造带东段复合部位，岷江断裂带南段，受区域构造影响，断层、褶皱发育，岩体破碎；该段通过泥盆系危关群下组炭质千枚岩、千枚岩夹石英岩、灰岩和志留系茂县群第五组千枚岩夹灰岩、砂岩，岩质软弱。

3）现场实际揭示地质情况

该段掌子面开挖揭示岩性以灰色千枚岩为主，如图 3-31 所示。弱风化，泥质结构、千枚状构造，受区域构造影响，节理裂隙较发育，岩体较破碎，岩质较软，掌子面无水。开挖后拱顶及边墙掉块严重，围岩完整性及自稳性较差。分别于 2016 年 4 月和 6 月，出现高地应力软岩大变形（拱顶开裂部位造成纵向贯通裂缝，边墙开裂部位造成局部环向裂缝）。

4）成因分析

（1）受区域构造影响强烈，该段地应力较高，埋深约 370m。

（2）岩性以千枚岩、炭质千枚岩为主，弱风化，泥质结构，千枚状构造，受区域构造影响强烈，节理裂隙较发育，岩体较破碎，岩质较软，如图 3-32 所示。

5）现场处置要点

（1）断面轮廓改变为近椭圆形轮廓，拱墙预留变形量为 20 ~ 30cm，初期支护采用全环 I20b 型钢钢架，间距 0.8m/ 榀。

a）

b）

图 3-31 D8K148+200 掌子面地质情况

a）

b）

图 3-32 初期支护挤压变形

（2）拱墙采用 ϕ42 小导管径向注浆加固围岩。

（3）采用榴桐寨隧道轻微大变形 I 型衬砌，采用台阶法加临时横撑法施工，全环设 I20b 型钢钢架，0.8m/ 榀，拱部增设 ϕ42 超前小导管，拱部采用组合中空锚杆，边墙采用砂浆锚杆，二次衬砌采用 45cm 厚钢筋混凝土衬砌。采取措施后效果见图 3-33 所示。

a）

b）

图 3-33 采取措施后效果

3.2.2.5 榴桐寨隧道3号横洞工区（D8K146+537 ~ D8K146+238、YD8K146+465 ~ YD8K146+245）

1）不良地质现象

高地应力软岩大变形（拱顶开裂部位造成蛛网式裂纹，边墙开裂部位造成局部纵向环向裂缝，主要造成拱顶钢架扭曲和初期支护剥落）。

2）施工图地质情况

榴桐寨隧 D8K146+537 ~ D8K146+238、YD8K146+465 ~ YD8K146+245 段岩性为志留系茂县群第五组（Smx^5）千枚岩夹灰岩、砂岩，绿灰色、灰色，节理裂隙较发育。

3）现场实际揭示地质情况

该段掌子面开挖揭示岩性为千枚岩夹砂岩、石英脉，泥质结构，千枚状构造，中部发育1m厚的斜向石英脉，节理裂隙较发育，横向节理发育，无水，岩体较破碎，掌子面剥落掉块较严重，自稳性较差，如图3-34所示。2017年11月，出现高地应力软岩大变形。

a）

b）

图3-34 掌子面地质情况

4）成因分析

（1）受区域构造影响强烈，该段地应力较高，埋深约1100m。

（2）岩性以千枚岩夹石英脉为主，千枚状构造，节理裂隙较发育～发育，条带状石英脉较多；掌子面无水；围岩较破碎，自稳性较差，如图3-35所示。

5）现场处置要点

（1）断面轮廓改变为近椭圆形轮廓，D8K146+537～D8K146+500、YD8K146+315～YD8K146+275 拱墙预留变形量为25～35cm，初期支护采用全环HW175型钢架，间距0.8m/榀；D8K146+500 ~ D8K146+336、YD8K146+465～YD8K146+315 拱墙预留变形量为

20 ~ 30cm，初期支护采用全环 I20b 型钢钢架，间距 0.8m/ 榀；D8K146+336 ~ D8K146+238、YD8K146+275 ~ YD8K146+245 拱墙预留变形量为 25 ~ 35cm，初期支护采用全环 HW175 型钢钢架，间距 0.6m/ 榀或 0.8m/ 榀。

a）

b）

图 3-35　初期支护出现开裂掉块

（2）D8K146+537 ~ D8K146+500、YD8K146+315 ~ YD8K146+245 段采用榴桐寨隧道大变形 Ⅱ 型衬砌，采用台阶法加临时横撑施工，全环设 H175 型钢钢架，拱部增设 ϕ42 超前小导管，拱部采用组合中空锚杆，边墙采用砂浆锚杆，二次衬砌采用钢筋混凝土。

（3）D8K146+500 ~ D8K146+336、YD8K146+465 ~ YD8K146+315 段采用榴桐寨隧道大变形 Ⅰ 型衬砌，采用台阶法加临时横撑施工，全环设 I20b 型钢钢架，拱部增设 ϕ42 超前小导管，拱部采用组合中空锚杆，边墙采用砂浆锚杆，二次衬砌采用钢筋混凝土。

（4）D8K146+336 ~ D8K146+238 段采用榴桐寨隧道大变形 Ⅱ 型衬砌，采用台阶法加临时横撑施工，全环设 H175 型钢钢架，拱部增设 ϕ42 超前小导管，拱部采用组合中空锚杆，边墙采用砂浆锚杆，二次衬砌采用钢筋混凝土。采取措施后效果如图 3-36 所示。

a）

b）

图 3-36　采取措施后效果

6）采取措施后的效果

通过以上措施，有效地控制了地应力的释放，围岩沉降和收敛趋于稳定，顺利通过了大变形地段。

7）集成技术及创新点

Ⅳ级围岩根据现场实际情况，也会产生大变形，其变形的机理在于高地应力的“滞后”效应，此种情况宜贯彻“岩变我变、工法配套、强力支护、尽早闭环”的做法，有效地抵抗地应力的释放。

平安隧道

3.3.1 工程概况

平安隧道为双洞分修隧道，左线隧道进口里程 D8K151+760，出口里程 D8K180+186，全长 28426m；右线全长 28400.708m。线路坡度为人字坡，隧道最大埋深约 1720m，采用“6 横洞 +2 斜井”的辅助坑道方案。实测水平主应力 31.52MPa，垂直应力 15.17MPa。

隧道穿越石大关断层和以大店子倒转向斜、水沟子弧形倒转背斜、洗澡堂弧形倒转向斜、团结反“S”形同斜倒转背斜、平桥沟“S”形倒转背斜等褶皱组成的复式褶皱构造。以石大关断层为界，分为两大构造带，石大关弧形构造带、较场山字形构造带。受测区构造影响，节理裂隙发育，岩体破碎，围岩稳定性较差，如图 3-37 所示。

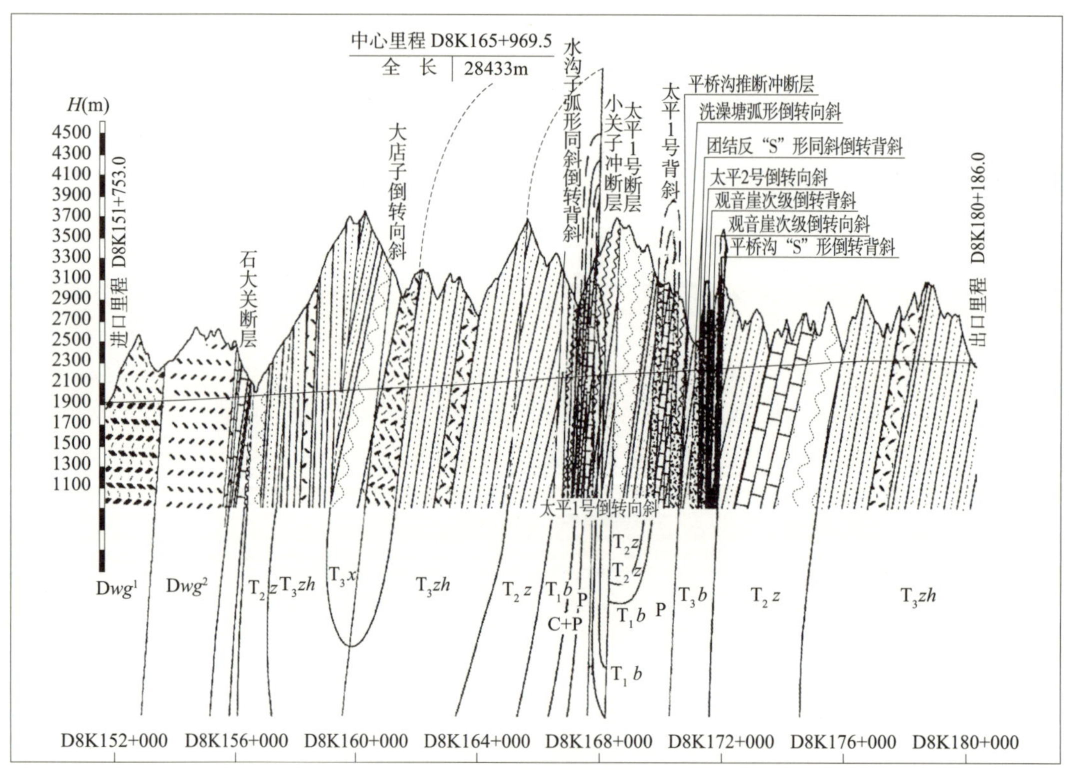

图 3-37 平安隧道纵断面示意图

地下水以孔隙水和裂隙水为主，裂隙水分基岩裂隙水、构造裂隙水，可溶岩段落为岩溶水，预测隧道最大涌水量为 $7.2\times10^4m^3/d$。隧道穿越地层为三叠系上统新都桥组（T_3x）砂岩、千枚岩、炭质千枚岩夹灰岩，侏倭组（T_3zh）砂岩夹千枚岩、灰岩、砾岩，中统杂谷脑组（T_2z）千枚岩、砂岩、灰岩，下统菠茨沟组（T_1b）变质石英砂岩、炭质千枚岩夹灰岩；二叠系（P）灰岩夹千枚岩；石炭系（C）灰岩夹炭质页岩；泥盆系危关群上组（Dwg^2）炭质千枚岩、千枚岩、石英岩，下组（Dwg^1）炭质千枚岩、绢云石英千枚岩夹石英岩、灰岩。

不良地质：高地应力、岩爆、岩堆、危岩落石、断层破碎带、岩溶、热害、放射性等；特殊岩土为软土、松软土、季节性冻土。

3.3.2 平安隧道不良地质及处置要点

3.3.2.1 平安隧道 3 号斜井工区（D8K168+998 ~ D8K168+980）

1）不良地质现象

D8K168+998 ~ D8K168+980 段强烈岩爆，如图 3-38 所示。

图 3-38 岩爆致掌子面及边墙坍塌

2）施工图地质情况

中统杂谷脑组千枚岩、砂岩、灰岩（T_2z），该段埋深 1386 ~ 1405m，围岩级别为Ⅲ级，采用Ⅲ级围岩复合式衬砌类型。

3）现场揭示地质情况

砂岩、灰岩，灰色，弱风化，细粒结构，中 ~ 厚层状构造，岩质硬，岩体较完整，干燥无水。

4）成因分析

（1）该段埋深较大，处于高地应力区，应力集中而突发导致岩爆发生。

（2）岩质软硬不均，岩体完整性较好。

5）处置思路

总结深埋大断面隧道岩爆发生的规律和特征，得出了开挖后在岩壁面上产生局部应力集中，局部应力达到临界应力水平是发生岩爆的必要条件。同时开挖扰动也是岩爆的诱发因素之一。

6）现场处置要点

（1）D8K168+980 掌子面、线路右侧拱腰 3.2 m×9.7m（长 × 高）采用 C30 喷射混凝土进行封闭，封闭厚度 10cm。

（2）对 D8K169+046.2 ~ D8K168+998 段边墙增设 5m 长砂浆锚杆进行加固处理，间距 1.0m×1.0m，仰拱增设格栅钢架封闭成环，拱架间距 1.2m/ 榀，采用 C30 耐腐蚀性混凝土，厚度 25cm。

（3）D8K168+998 ~ D8K168+980 段线路右侧边墙至拱部采用径向锚管注浆，锚管采用 ϕ42 钢花管，间距 1.0 m×1.0m，长度 6m，注水泥浆。

（4）D8K168+998 ~ D8K168+980 段全环设置格栅拱架抽换，拱架间距 1.2m/ 榀。采取措施后效果如图 3-39 所示。

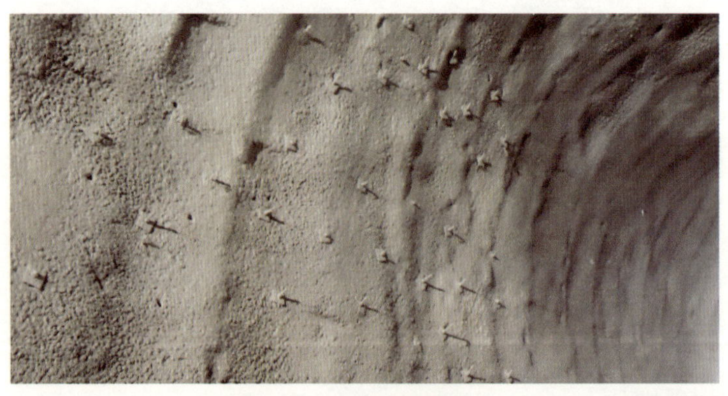

图 3-39 加固处理后照片

7）采取措施后的效果

本段强烈岩爆破坏性极强，给施工人员和机具设备安全造成极大的威胁，进行加固处理后，未发生二次岩爆，且加固处理时间快，工程增加投资小。经过加固处理，该段岩爆得到有效治理。

3.3.2.2 平安隧道 3 号斜井工区（D8K168+980 ~ D8K168+950）

1）不良地质现象

平安隧道 3 号斜井工区 D8K168+980 ~ D8K168+950 段于 2015 年 3 月发生强烈岩爆，掌子面岩石出现弹射爆出，围岩脱落、剥离，如图 3-40 所示。

2）施工图地质情况

中统杂谷脑组千枚岩、砂岩、灰岩（T_2z），该段埋深 1417 ~ 1405m，围岩级别为Ⅲ级，采用Ⅲ级围岩复合式衬砌。

3）现场揭示地质情况

围岩为灰岩、砂岩，弱风化，中厚层状构造，岩质硬 ~ 极硬，节理裂隙较发育，围岩岩体完整性较好，干燥无水，受高地应力影响，发生岩爆频率较高。

4）成因分析

处于高地应力区，应力集中而突发导致岩爆频发；岩质软硬不均，岩体完整性较好。

5）现场处置要点

（1）D8K168+950 掌子面采用 C30 喷射混凝土进行封闭，封闭厚度 10cm。

（2）D8K168+980 ~ D8K168+950 段增设全环 I18 型钢钢架，钢架间距 1.2m/ 榀，采用 C30 耐腐蚀性混凝土，厚度 25cm。

（3）对 D8K168+980 ~ D8K168+950 段全环增设 5m 长砂浆锚杆，间距 1.2m × 1.0m（纵 × 环）。

（4）D8K168+980 ~ D8K168+950 段拱墙采用径向锚管注浆，锚管采用 ϕ42 钢花管，间距 1.2m × 1.0m（纵 × 环），长度 6m，注水泥浆。加固处置后效果如图 3-41 所示。

图 3-40 严重岩爆

图 3-41 加固处理后效果

6）采取措施后的效果

本段岩爆紧接 D8K168+998 ~ D8K168+980 段岩爆后发生，岩爆强烈，破坏性极强，造成拱部坍塌，给施工人员和机具设备安全造成极大的威胁，经过加固处理后，该段岩爆得到有效治理。

3.3.2.3 平安隧道 4 号斜井工区（D8K172+163 ~ D8K172+103、YD8K172+ 143 ~ YD8K172+071）

1）不良地质现象

弱 ~ 中等岩爆。

2）设计地质情况

岩性为 T_2z 砂岩、灰岩、千枚岩，弱风化（W_2），节理裂隙较发育，局部渗水，埋深较大，易产生高地应力。

3）现场揭示地质情况

岩性为砂岩，节理裂隙较完整，无水。2015 年 3 月至 4 月间，D8K172+163 ~ D8K172+103、YD8K172+143 ~ YD8K172+071 段发生弱 ~ 中等岩爆。

4）成因分析

（1）地层岩性为砂岩，厚层状，岩质坚硬，岩体呈块状结构，岩体完整性较好。

（2）埋深约为 720m，开挖后高地应力释放导致形成岩爆，如图 3-42 所示。

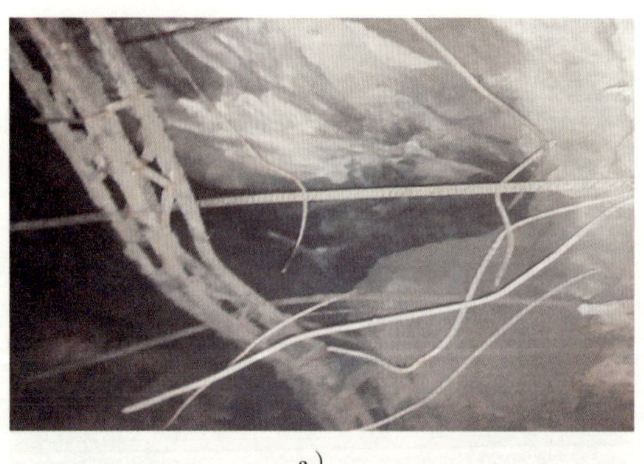

a）

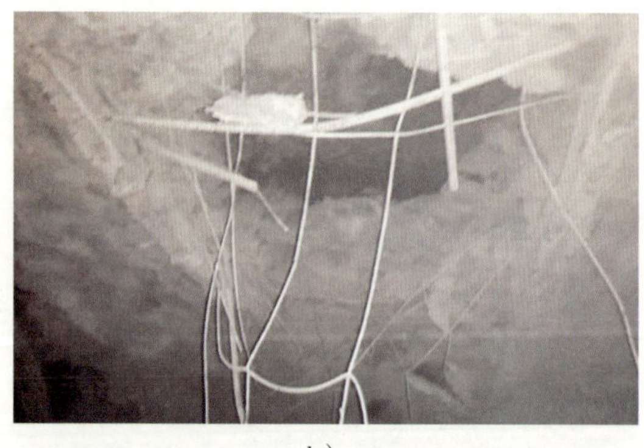

b）

图 3-42 加固处理前岩爆扭曲钢架

5）现场处置要点

（1）掌子面增设 ϕ89 应力释放孔 6 个，长度 35m，注水软化围岩。

（2）边墙采用 I18 型钢钢架支护，间距 1.2m/ 榀。

6）采取措施后的效果

采取加强措施后，有效控制了岩爆，保证了工程质量，解决了施工安全问题，工期得到了保障，处置后效果如图 3-43 所示。

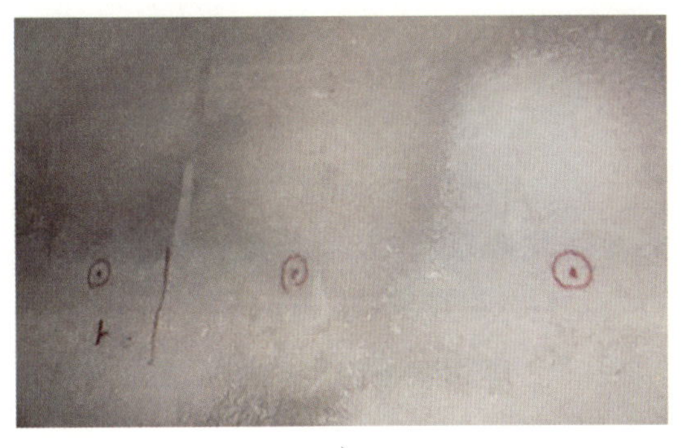

a）

b）

图 3-43　加固处理后效果

3.3.2.4　平安隧道 5 号横洞工区（D8K160+630 ~ D8K160+660）

1）不良地质现象

D8K160+630 ~ D8K160+660 段强烈岩爆，掌子面岩石出现弹射爆出，围岩脱落、剥离。

2）施工地质情况

新都桥组砂岩、千枚岩、炭质千枚岩夹灰岩（T_3x），该段埋深 1471 ~ 1456m，围岩级别为Ⅲ级，采用Ⅲ级围岩复合式衬砌类型。

3）现场揭示地质情况

砂岩，深灰色，细粒结构，中厚层状构造，岩质硬，干燥无水，岩体完整。2015 年 11 月，D8K160+630 ~ D8K160+660 段发生强烈岩爆，掌子面岩石弹射爆出，围岩脱落、剥离，如图 3-44 所示。

4）成因分析

处于高地应力区，围岩致密，应力集中而突发导致岩爆频发。

5）现场处置要点

（1）设置超前应力释放孔并注水。

（2）开挖后掌子面喷混凝土封闭。

（3）全环工字钢支护。

采取处置措施后效果如图 3-45 所示。

a）

b）

图 3-44 隧道内出现岩爆

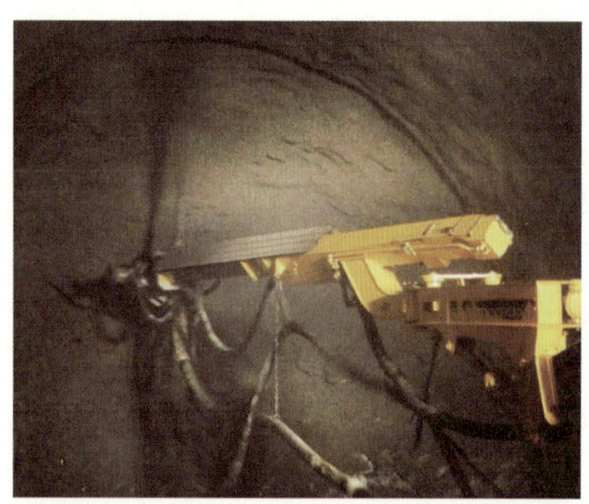

a）机械台车封闭掌子面

b）施作超前应力释放孔

图 3-45 采取措施后效果

6）采取措施后的效果

本段强烈岩爆虽然没有造成拱部和边墙大范围的坍塌，可是由于岩石强度高，围岩致密，导致掌子面岩石出现强烈弹射，围岩脱落、剥离，给施工人员和机具设备安全造成极大的威胁。采取了多重组合措施后，效果良好，未发生二次岩爆，加固处理时间快，工程增加投资小。

7）集成技术及创新点

（1）探索了岩爆的治理措施，实践表明，“应力释放、软化围岩”是防治岩爆的有效工程措施。

（2）通过多种措施的组合、探索，在平安隧道总结出了成套的岩爆防治技术，并在随后应对岩爆的施工中成功运用，效果显著。

新 民 隧 道

3.4.1 工程概况

新民隧道左线进口里程 D9K180+512，出口里程 D9K186+845，全长 6526.925m，线路坡度为单面上坡，隧道最大埋深约 1077m。本隧辅助坑道模式采用“中部横洞”方案。

隧道主要穿越三叠系上统侏倭组 T_3zh 砂岩夹千枚岩，局部夹炭质千枚岩；隧道内为单斜构造，受测区构造影响，节理裂隙发育，岩体破碎，围岩稳定性较差。测段深度大于 755m 的硬岩存在中等岩爆的可能，软岩存在大变形的可能。隧道涌水以基岩裂隙水为主，孔隙水次之，预测隧道最大涌水量为 12300m^3/d；隧道进、出口端围岩稳定性极差，隧道开挖极易冒顶坍塌；隧道出口端洞顶存在危岩落石。

不良地质：高地应力、岩爆、岩堆、大变形、泥石流、危岩落石、顺层、特殊岩土如季节性冻土等。

3.4.2 新民隧道不良地质及处置要点

3.4.2.1 新民隧道进口工区（YD9K182+220 ~ YD9K182+245、YD9K182+320 ~ YD9K182+370）

1）不良地质现象

弱 ~ 中等岩爆。

2）施工图地质情况

岩性为 <14-3>T_3zh 砂岩夹千枚岩、局部夹炭质千枚岩，弱风化（W_2），呈细粒构造，节理裂隙较发育，局部渗水，埋深较大，面临高地应力风险。

3）现场揭示地质情况

岩性为砂岩，较完整，无水。2015 年 7 月，YD9K182+220 ~ YD9K182+245、YD9K182+320 ~ YD9K182+370 段发生弱 ~ 中等岩爆。

4）成因分析

（1）地层岩性为 <14-4> 砂岩（T_2z），弱风化（W_2）；厚层状，岩质坚硬，岩体呈块状结构，岩体完整性较好。

（2）埋深约为 850m，开挖后高地应力释放导致岩爆，如图 3-46 所示。

5）现场处置要点

（1）YD9K182+220 ~ YD9K182+245、YD9K182+320 ~ YD9K182+370 段增设 ϕ89 应力释放孔 6 个，长 35m，加深炮孔每循环按 15 孔施作。

（2）采用Ⅳ复合式加强支护。

6）采取措施后的效果

采取加强措施后，有效控制了岩爆，保证了工程质量，解决了施工安全问题，工期得到了保障，如图 3-47 所示。

图 3-46　加固处理前岩爆爆坑情况

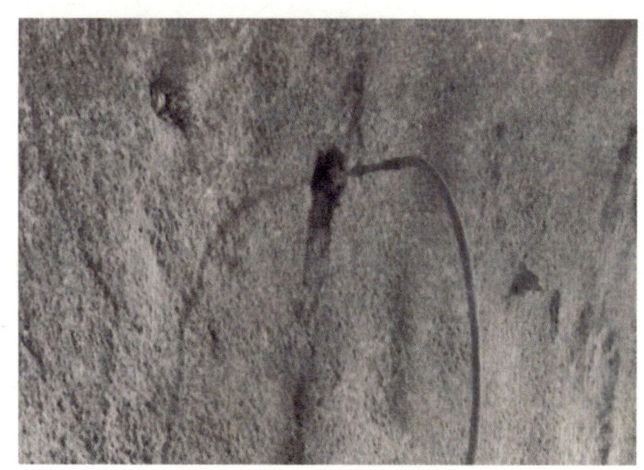

图 3-47　加强加固处理后效果

3.4.2.2　新民隧道进口工区（YD9K182+245 ~ YD9K182+270）

1）不良地质现象

弱 ~ 中等岩爆。

2）施工图地质情况

岩性为 <14-3>T_3zh 砂岩夹千枚岩、局部夹炭质千枚岩，弱风化（W_2），节理裂隙较发育，局部渗水，埋深较大，高地应力。

3）现场揭示地质情况

岩性为砂岩，岩体较完整，岩质较硬，呈块状构造，无水。2015 年 7 月，YD9K182+245 ~ YD9K182+270 段发生弱 ~ 中等岩爆。

4）成因分析

（1）地层岩性为 <14-4> 砂岩（T_2z），弱风化（W_2）；厚层状，岩质坚硬，岩体呈块状结构，岩体完整性较好。

（2）埋深约为 800m，开挖后高地应力释放导致形成岩爆，如图 3-48 所示。

图 3-48　加固处理前岩爆爆坑

5）现场处置要点

（1）YD9K182+245 ～ +270 段增设 ϕ89 应力释放孔 6 个，长 35m，加深炮孔每循环按 15 孔施作。

（2）采用Ⅳ复合式加强衬砌施工。

6）采取措施后的效果

采取加强措施后，有效控制住了岩爆，保证了工程质量，解决了施工安全问题，工期得到了保障，如图 3-49 所示。

图 3-49　加强加固处理后效果

本章小结

成兰铁路隧道多区段埋深较大，高地应力在软弱围岩中引起大变形、在硬质及不均匀围岩中引起不同程度的岩爆，极大地威胁着施工人员和设备安全。在勘察设计施工各个环节严格把关，提出了高地应力隧道修建过程中稳妥、有效的应对措施。

（1）勘察环节

应尽可能全面、准确地判识相应区段岩石特征、岩体特征、地应力大小与方向、地下水分布，做到从地质角度掌握高地应力软岩大变形、岩爆因素，为设计与施工提供可靠依据。

（2）设计环节

根据勘察结果和现场开挖实际情况进行动态设计，为避免群洞效应采用平导外移、优化隧道断面、动态调整预留变形量、调整轨道类型等多种设计措施，提升支护体系应变能力、轨道抵抗变形能力。

（3）施工环节

严格实施超前地质预报，对地应力大小及方向、地下水分布情况等进行补勘，反馈至动态设计。加强监控量测，初期支护开裂加固处理段、高风险段实施全过程监控量测，实时掌握围岩的收敛和沉降情况，合理确定二次衬砌施作时机，尽早形成封闭环结构。结合补勘、超前地质预报、动态设计和现场实际情况，采用全环孔口管围岩加固、软弱围岩小断面机械化配置配套施工、双层加强支护技术、长短锚杆群组技术、全环工字钢支护体系、围岩应力释放软化技术等针对性措施，有效地应对高地应力软岩大变形、硬岩及不均匀岩体岩爆等施工难题，保障了顺利安全通过风险区段。

平安隧道
L—28427m
榴桐寨隧道
L—16271m
镇江关
龙塘
太平
金瓶岩隧道
L—12765m
云屯堡隧
L—2292
茂县
跃龙门隧道
L—19981m
杨家坪隧道
L—12822m
什邡西
三星堆
绵竹南
安县
高川
柿子园隧道
L—14069m

第4章

隧道穿越特殊地质构造控制技术

典型案例

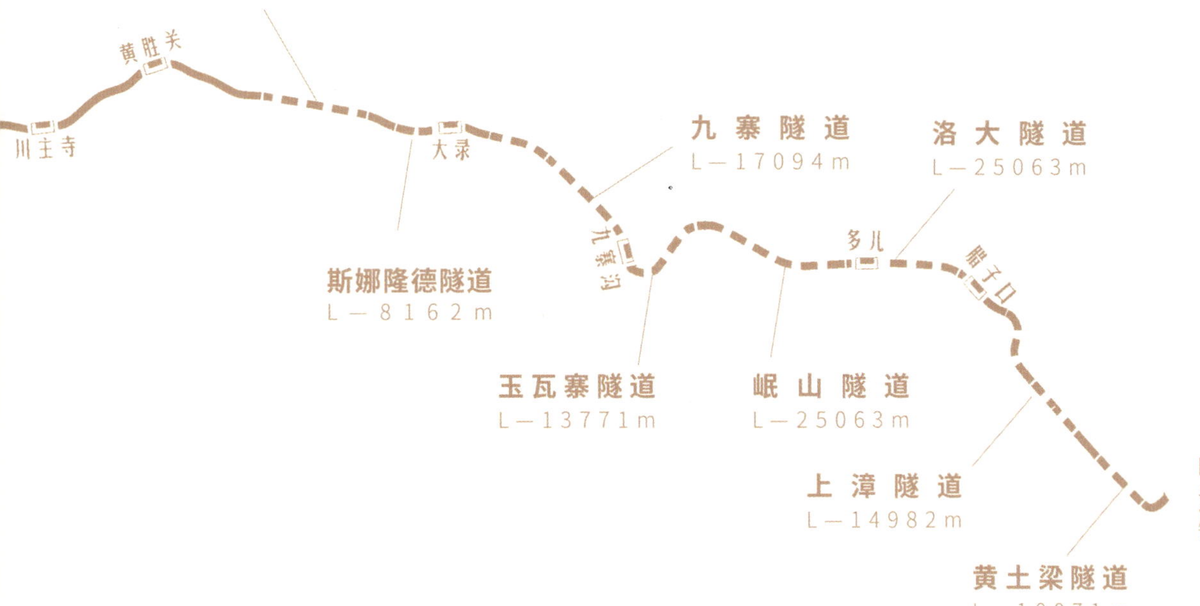

4.1 杨家坪隧道

4.1.1 工程概况

杨家坪隧道全长 12815m（左线拉通），隧道进口里程 DK111+220，DK111+ 220 ～ DK112+720 段 1500m 为双洞单线分修隧道，左、右线线间距为 11.019 ～ 34.362m；DK112+720 ～ DK123+845 段 11125m 为单洞双线合修隧道。隧道最大埋深约 745m。本隧辅助坑道模式采用“4 横洞”方案。

隧道位于龙门山中央断裂带影响区，构造条件复杂，褶皱发育，于 DK117+400 附近发育杨家坪背斜，于 DK119+200 附近发育杨家坪向斜；同时受构造影响，节理发育，岩体受挤压破碎严重，围岩稳定性差，易产生局部掉块或整体坍落，杨家坪隧道地质纵断面如图 4-1 所示。地表水以土门河为主，汇流数条溪沟等山间支流；地下水埋置相对较

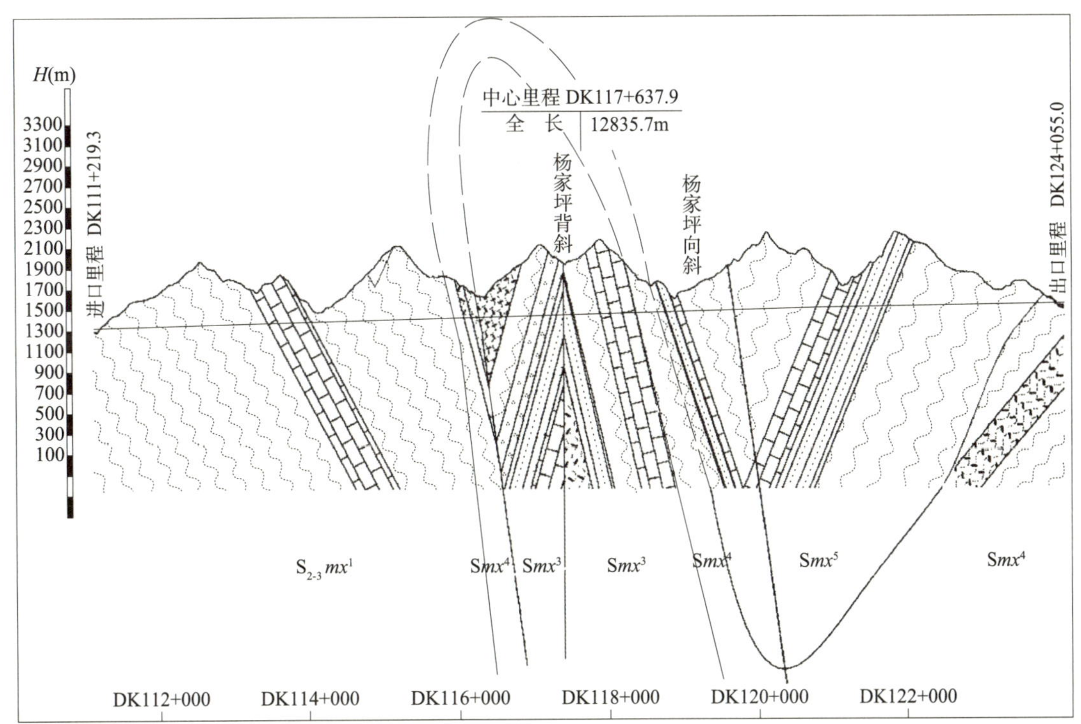

图 4-1　杨家坪隧道纵断面示意图

深，主要由第四系孔隙潜水、基岩裂隙水、构造裂隙水、岩溶水组成，其含水岩组为志留系茂县群组成，岩性为千枚岩、变质砂岩、细砂岩，部分夹结晶灰岩。由于该富水程度的地层被构造强烈挤压，在硬性岩层中裂隙发育，在软弱岩中片理发育，含水性较差，再加上绝大部分区域位于当地侵蚀基准面以上，地形有利于自然排水。因此，本含水层组其岩性组合对地下水的富集和运移较为不利，成为富水性较差的岩组。在非可溶岩及非构造发育地段施工中，隧道施工不会遇到较大的地下水，但是在背斜及向斜构造有利部位及局部可溶岩分布地段，地下水可局部富集，隧道施工可能产生突水突泥之危害。测区受活动断裂影响大，在构造裂隙、节理发育地段施工可能遇到高温，隧道部分段落埋深较大，以及褶皱核部应力集中部位，地应力集中易产生大变形。测区内区域性大断裂、活动断裂发育，岩石变质作用复杂，矿物变质、富集可能伴生有毒气体，同时炭质千枚岩段可能有瓦斯等有害气体。段内变质岩较多，部分岩体中可能会存在放射性较高的问题。预测隧道正常涌水量 $3.5\times10^4m^3/d$，雨季最大涌水量 $5.2\times10^4m^3/d$。隧道洞身主要通过志留系中上统茂县群（$S_{2\text{-}3}mx^1$、Smx^3、Smx^4、Smx^5）千枚岩、炭质千枚岩、灰岩、石英千枚岩、透镜状泥质灰岩、砂岩等。

不良地质：大变形、高地应力、突水突泥、顺层、放射性、危岩落石、泥石流等。

4.1.2 杨家坪隧道不良地质及处置要点

4.1.2.1 杨家坪隧道 1 号横洞工区（YD2K111+990 ~ YD2K112+780）

1）不良地质现象

YD2K111+680 ~ YD2K111+789 小净距大变形及富水千枚岩大变形。

2）施工图地质情况

岩性主要为志留系中上统茂县群（$S_{2\text{-}3}mx^1$）绿泥石千枚岩，浅绿色。围岩呈薄层状，弱风化，泥质结构，千枚状构造，层面光滑，层间胶结结合较差，节理裂隙较发育。

3）开挖揭示地质情况

掌子面揭示岩层倾角近于直立，呈薄片状，方解石脉发育，层面绿泥石化，掌子面揭露围岩如图 4-2 所示。

2014 年 12 月，YD2K111+990 ~ YD2K112+110 小净距段出现大变形。初期支护开裂、变形情况如图 4-3 ~ 图 4-5 所示。

4）成因分析

（1）该段右侧为杨家坪倒转背斜核部，邻近 F02 断层影响带，岩层揉皱，小褶曲十分发育。

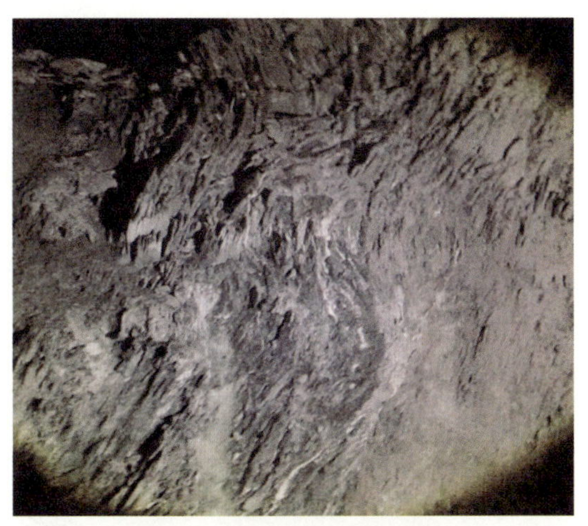
图 4-2　掌子面围岩揭露情况

图 4-3　小净距段开裂变形

图 4-4　拱部纵向开裂变形

图 4-5　边墙纵向、环向开裂变形

（2）岩体破碎，岩石强度极低。

（3）由于存在地质构造、微构造、左右洞施工引发两侧地应力调整不同步、岩体不均匀而产生的岩体局部偏压，易出现弯折压溃变形。

（4）左线隧道开挖后，中间岩柱岩体破坏效应叠加、岩体损伤加剧、结构性能降低，抗力降低而荷载加大。

5）现场处置要点

（1）纳入动态设计。加强支护参数，采用 HW175 型钢钢架，长锚杆等加强支护。

（2）置换中间岩柱。采用开挖中导洞，施工混凝土中隔墙置换中间岩柱。

开挖的中导洞及中岩柱管棚注浆补强如图 4-6、图 4-7 所示。

中导洞中隔墙施工如图 4-8、图 4-9 所示。

图 4-6　中导洞开挖

图 4-7　中岩柱管棚注浆补强

图 4-8　中导洞中隔墙基础施工

图 4-9　中导洞中隔墙施工

（3）加强超前预报工作。采用 CXK-12 矿用钻孔成像仪，探明分析前方围岩、地下水情况。为施工提供有效依据。

（4）加强监控测量工作，增加衬砌及仰拱观测点，有效监测变形情况。

（5）优化施工顺序，调整施工工法。先施工中导洞置换中间岩柱，再施工右线，右线贯通后再施工左线；采用短台阶，仰拱与下台阶同步施工，快速封闭成环。

（6）优化爆破设计，减少对围岩的扰动，减少超欠挖。左线采用非爆开挖，右线采用减振控制爆破。

非爆破开挖施工如图 4-10 所示。

（7）引进专业注浆班组，提高破碎围岩注浆效果，有效减少变形。

6）采取措施后的效果

采取措施后，初期支护平顺，无开裂现象，如图 4-11 所示。有效减少了初期支护和二次衬砌继续开裂变形，杜绝了侵入隧道净空引起的拆换，保证了施工安全，提高了施工质量。

图 4-10　非爆破开挖

图 4-11　采取措施处理后的初期支护

7）集成技术及创新点

（1）变形监测是小净距大变形支护结构参数调整的重要依据。及时采集变形监测数据，总结分析变形规律，分析支护与变形的适应性，总结形成了高地应力小净距隧道变形特性和相应支护参数，为后续小净距段施工提供基本依据。

（2）总结了陡倾直立平行产状小净距大变形隧道施工与初期支护变形破坏规律、挤压性软岩地段隧道支护与结构参数、软岩隧道大变形分级标准及对应的防治措施等技术成果。

（3）创新了小净距大变形隧道中导洞置换中岩柱施工成套技术。

4.1.2.2　杨家坪隧道 2 号横洞工区（DK113+080 ~ DK115+900）

1）不良地质现象

DK112+720 ~ DK112+080 大断面软岩大变形。

2）施工图地质情况

岩性主要为志留系中上统茂县群（$S_{2-3}mx^1$）绿泥石千枚岩，浅绿色。围岩呈薄层状，弱风化，泥质结构，千枚状构造，节理裂隙较发育，岩体呈块石、碎石状。

3）开挖揭示地质情况

掌子面揭示绿泥石千枚岩，呈薄片状，岩层倾角近于直立，呈薄片状，绿泥千枚岩。岩层走向与线路夹角小于 10°，岩层倾角一般为 65° ~ 85°，层间胶结结合较差；岩质较软，受构造影响岩体较破碎，局部出现掉块现象，围岩稳定性较差。2015 年 3 月，DK113+080 ~ DK115+900 段出现软岩大变形。杨家坪隧道外露地质情况及开挖揭示掌子面围岩情况如图 4-12、图 4-13 所示。

图 4-12 杨家坪隧道外露地质情况

图 4-13 掌子面围岩揭示情况

4）成因分析

（1）杨家坪隧道千枚岩层裂隙发育，岩性构造特殊，岩层产状陡，走向与隧道轴线平行或小角度相交。掌子面围岩结构产状如图 4-14、图 4-15 所示。

图 4-14 掌子面围岩情况

图 4-15　围岩结构产状

（2）地应力测试结果表明，杨家坪隧道处于高地应力环境中，且水平方向构造应力较大，现场实测地应力表明隧道的侧压力系数为 1.3 ~ 2.1。因此，隧道开挖后，在水平构造应力的作用下，边墙部位围岩将发生更为集中的严重变形破坏。

（3）由千枚岩力学特性试验可知，当承受垂直于层理面的荷载时，表现为斜向的剪切破坏，破裂角度各不相同；当承受平行于层理面的荷载时，表现为层面张拉，发生劈裂破坏。故杨家坪隧道拱圈上部和拱圈底部围岩破坏形式以斜向剪切，顺层滑移为主，拱圈底部破坏围岩向洞内隆起；边墙部位围岩受到竖直方向的切向应力的挤压，主要破坏形式为层面张拉、岩层弯曲，并向洞内方向挤出。现场初期支护挤压变形情况如图 4-16、图 4-17 所示。

图 4-16　型钢扭曲

图 4-17　初期支护开裂脱空

5）现场处置要点

（1）加强支护参数。主要采取调整钢架尺寸及间距、增加喷射混凝土厚度、锚杆长短结合等加强支护方式。

（2）加强超前预报工作。取芯与 CXK-12 矿用钻孔成像仪配合，有效探明分析前方围岩、地下水情况，为施工提供有效依据。

（3）加强监控测量工作。增加密量测频次，有效监测变形情况，指导现场施工。

（4）调整施工工法。双线段工法采用“下台阶带仰拱”一次开挖法，实现短台阶快闭环。

调整前三台阶临时仰拱施工方法如图 4-18 所示。

采用二台阶临时仰拱法施工后，初期支护平顺，变形可控，如图 4-19 所示。

图 4-18　三台阶临时仰拱施工方法

a）

b）

c）

图 4-19　二台阶临时仰拱方法，初期支护平顺变形可控

针对三线大断面软岩大变形地段，采用“双侧墙十字交叉法”进行大断面施工，通过设置先行设置混凝土侧墙及长锚杆稳固边墙岩体方式，将超大断面施工分解为可控制的小导坑施工。软岩大变形大跨隧道双侧墙导坑工法如图 4-20 所示。

图 4-20 软岩大变形大跨隧道双侧墙导坑工法

(5) 优化水压爆破设计，减少对围岩的扰动，减少超欠挖。

(6) 针对千枚岩富水段，采用钻芯取芯、水压测试、击发极化法探水、地表调查、地质调查等方式综合确定水量来源，以此确定了大直径钢管集中引排、分块注浆、衬砌延后施工等综合性千枚岩富水整治措施。

(7) 引进专业注浆队伍，实现注浆精确定位及压力限制，提高破碎围岩注浆效果，减少对围岩得扰动，提升岩体强度，降低变形概率。现场长锚杆及注浆加固施工如图 4-21、图 4-22 所示。

a)

b)

图 4-21 长锚杆施工

a）

b）

图 4-22 轮胎式多臂液压凿岩台车现场施工

6）采取措施后的效果

通过调整工法、加强支护参数，有效减少了初期支护开裂变形，保证了施工安全与施工质量。

4.1.2.3 杨家坪隧道 3 号横洞工区（DK117+900 ～ D2K77+025）

1）不良地质现象

软岩大变形。

2）施工图地质情况

岩性为志留系中上统茂县群（Smx^3）绿泥石千枚岩，浅灰色，泥质结构，千枚状构造，薄片状，节理裂隙较发育，岩体较破碎。

3）开挖揭示地质情况

掌子面揭示绿泥石千枚岩，呈薄片状，岩层走向与线路夹角小于 10°，岩层倾角陡一般为 68° ～ 87°，层间胶结结合较差；岩质较软，受构造影响岩体较破碎，局部出现掉块现象，围岩稳定性较差。掌子面揭示围岩情况如图 4-23 所示。

2015 年 5 月，DK117+900 ～ D2K77+025 段出现软岩大变形。初期支护开裂、变形情况如图 4-24、图 4-25 所示。

4）成因分析

（1）杨家坪隧道千枚岩层理裂隙发育，岩性构造特殊，岩层产状陡，走向与隧道轴线平行或小角度相交。

（2）由千枚岩力学特性试验可知，当受垂直于层理面的荷载时，表现为斜向的剪切破坏，破裂角度各不相同；当承受平行于层理面的荷载时，表现为层面张拉，发生劈裂破坏。杨家坪隧道拱圈上部和拱圈底部围岩破坏形式以斜向剪切，顺层滑移为主，拱圈底部破坏围岩向洞内隆起；边墙部位围岩受到竖直方向的切向应力的挤压，主要破坏形式为层面张拉，岩层弯曲，并向洞内方向挤出。

图 4-23 掌子面围岩揭露情况

图 4-24 型钢扭曲变形

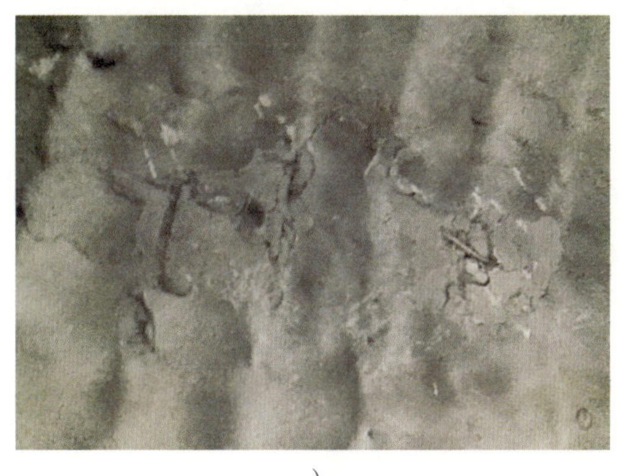

a）

b）

图 4-25 初期支护混凝土开裂剥落

5）现场处置要点

（1）采取了圆形断面、加强钢架和双层支护、锚杆长短结合、加大预留变形等主动控制大变形措施。圆形衬砌施工如图 4-26 所示。

（2）加强超前预报工作。采用取芯与 CXK-12 矿用钻孔成像仪配合，有效探明并分析前方围岩、地下水情况。

（3）双层支护采用两层钢架均采用全环 HW175 型钢钢架，间距为 0.6m/ 榀，并分次施作；采用连接工字钢代替连接钢筋；锁脚锚杆采用 ϕ28 树脂药包锚杆，单根长 6m；喷混凝土采用 C30 早高强喷混凝土，一次支护喷混凝土厚 25cm，二次支护喷混凝土厚 21cm。

图 4-26　圆形衬砌施工

（4）采用锚杆专用设备，钻注一体机等机械，快速施作锚杆。锚杆施工如图 4-27 所示。

（5）采用锚杆锚垫板凹槽施工技术，减少锚杆头对二次衬砌防水板施工影响，防止漏水。锚杆锚垫板凹槽施工如图 4-28 所示。

a）

b）

c）

图 4-27　锚杆施工

图 4-28　锚杆锚垫板预留凹槽施工

（6）锚杆采用快凝早强注浆材料，锚杆早承载，减少围岩松弛变形。

6）采取措施后的效果

减少了围岩变形，避免了初期支护开裂变形，控制大变形效果良好，保证了施工安全与施工质量。

7）集成技术及创新点

（1）采用二台阶带仰拱开挖方式，实现了“少扰动、早闭环”，提升了围岩的自稳能力，有效控制了软岩的变形。二台阶带仰拱工法如图 4-29 所示。

图 4-29　二台阶带仰拱法工法

（2）提出了软岩大变形隧道锚杆施工的“长短结合、先短后长、分期施作”变形主动控制方法，有效地解决了软岩大变形控制难题，保障了施工的安全性。长短锚杆结合施作如图 4-30、图 4-31 所示。

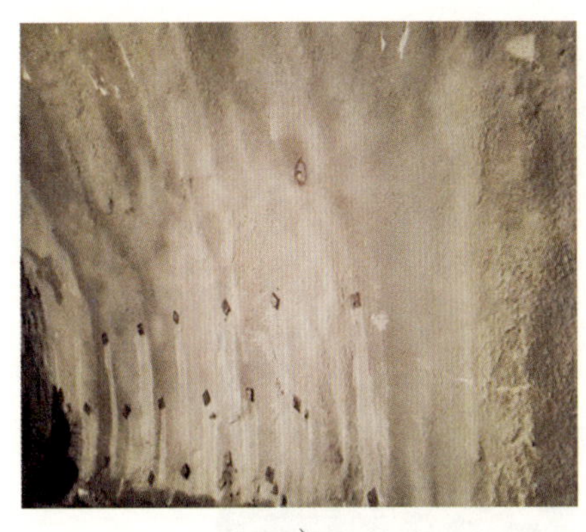
a）

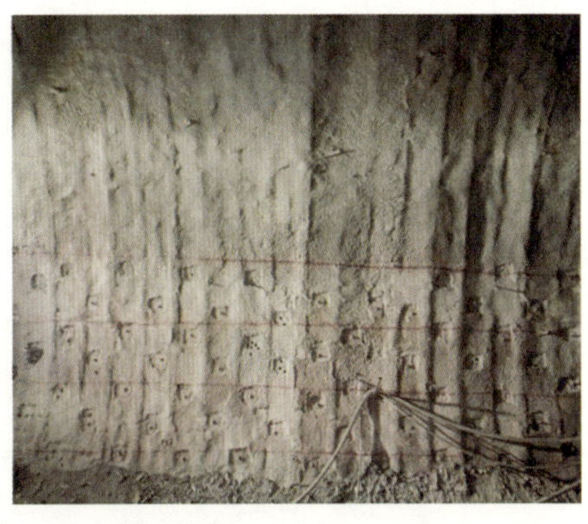
b）

图 4-30　长短锚杆结合

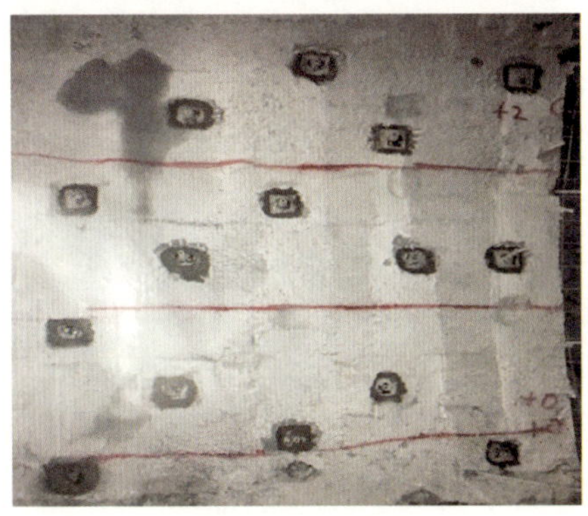
图 4-31　后施作长锚杆

（3）采用快凝早强新黏结材料，实现了短锚快速起效，减少了表层破碎岩体的松弛变形，形成了围岩早期承载圈，为后期的长锚杆施工赢得了时间和空间。

（4）总结了陡倾平行千枚岩大变形隧道变形规律和支护参数，创新性提出并成功实践了“软岩大变形软岩隧道大变形主动控制及长短锚杆支护”成套新技术。

（5）采用并实践了双侧墙导坑大跨软岩大断面隧道施工法。

4.1.2.4　杨家坪隧道出口工区（DK123+845 ~ DK122+000）

1）不良地质现象

软岩富水大变形。

2）施工图地质情况

岩性为绢云千枚岩，浅灰色，泥质结构，千枚状构造，薄片状，节理裂隙较发育，岩体较破碎。

3）开挖揭示地质情况

碎石土，结构松散，围岩稳定性差。由于围岩为松散碎石土，易产生垮塌、冒顶、沉陷，此段地质条件差，洞身通过堆积卵石土地层，围岩成拱性及自稳性差。2014 年 10 月，DK123+845 ~ DK123+865 段出现软岩富水大变形。进洞施工工法及掌子面揭露围岩情况如图 4-32、图 4-33 所示。

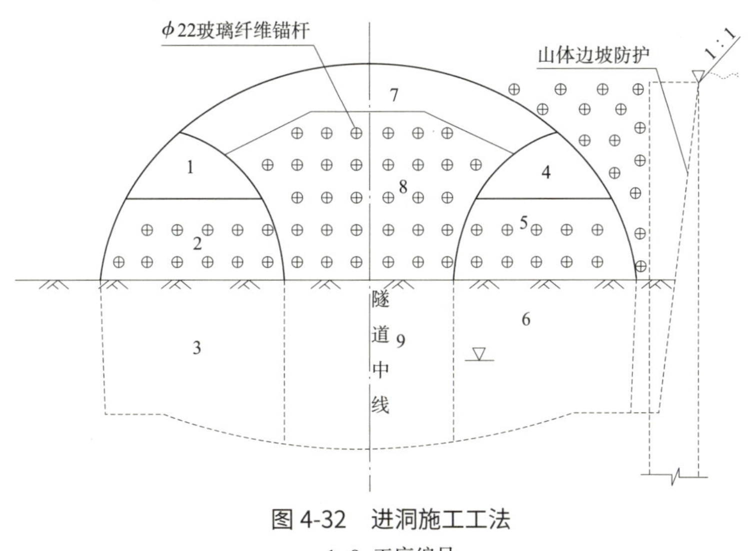

图 4-32　进洞施工工法

1~9-工序编号

a）

b）

图 4-33　掌子面揭露围岩情况

4）成因分析

地下水丰富，千枚岩遇水软化；出口三线大跨段，断面大，易造成变形。

5）现场处置要点

（1）开展大变形试验段，根据围岩变形情况调整加强支护参数。

（2）根据围岩调整施工工法，对于富水自稳性差的掌子面调整为CD法、双侧壁导坑法和台阶法带临时仰拱法。CD法、双侧壁导坑法施工如图4-34、图4-35所示。

图 4-34　CD 法施工

图 4-35　双侧壁导坑法施工

（3）优化水压爆破设计，减少对围岩的扰动。减少超欠挖。

（4）采用SAA检测系统监测衬砌变形，并采用长超前钻孔等超前地质预报手段探明掌子面前方地质情况，合理调整支护参数。SAA检测系统如图4-36所示。

a）SAA监测系统设备（SAA阵列式位移计）

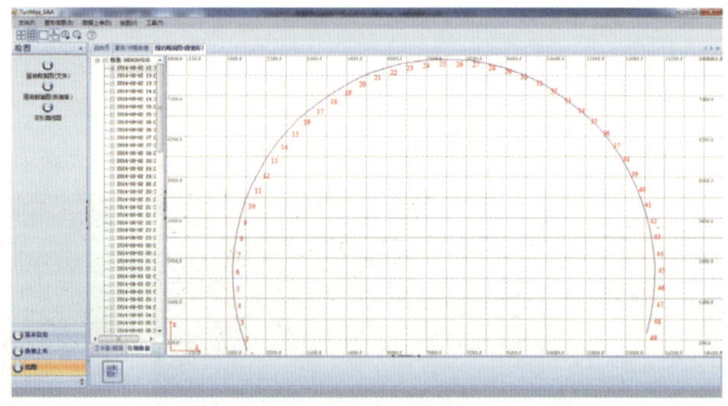

b）SAA测点布置

查看量测/变形数据

观测数据　变形数据

	观测点序号	断面点号	X(mm)	Y(mm)	Z(mm)
0	1	SAA_01	0.00	0.00	0.00
1	2	SAA_02	471.05	0.00	-167.67
2	3	SAA_03	952.08	0.00	-304.08
3	4	SAA_04	1444.82	0.00	-388.97
4	5	SAA_05	1942.72	0.00	-434.73
5	6	SAA_06	2442.67	0.00	-442.40
6	7	SAA_07	2941.10	0.00	-402.80
7	8	SAA_08	3435.31	0.00	-326.94
8	9	SAA_09	3923.77	0.00	-220.14
9	10	SAA_10	4401.69	0.00	-73.19
10	11	SAA_11	4863.80	0.00	117.73
11	12	SAA_12	5306.60	0.00	349.95
12	13	SAA_13	5739.80	0.00	599.63
13	14	SAA_14	6144.11	0.00	893.79
14	15	SAA_15	6526.47	0.00	1215.98

说明：收敛/下沉-，扩张/上拱为+，变形量单位为mm，变形速率单位为mm/d　退出

c）SAA数据分析

图　4-36

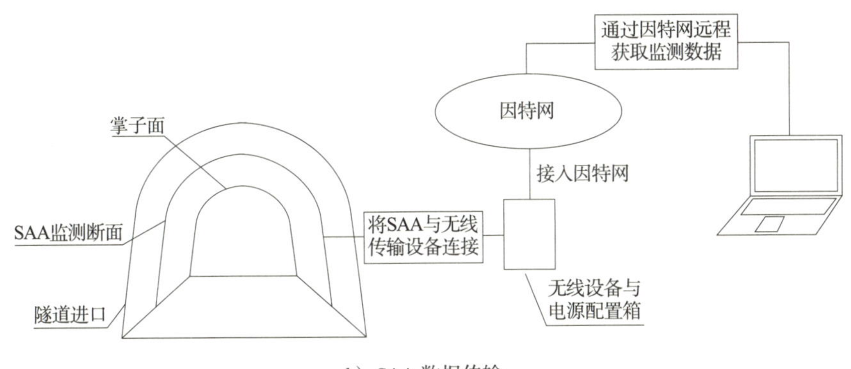

d）SAA 数据传输

图 4-36　SAA 监测系统

6）采取措施后的效果

有效控制了变形情况，成功地渡过了软岩富水地层，未出现施工质量和安全问题。二次衬砌施工如图 4-37 所示。

图 4-37　二次衬砌施工

7）集成技术及创新点

（1）确立了软岩变形隧道应用的步距要求。

（2）使用 CXK12 矿用钻孔成像仪，对隧道前方围岩情况进行探察，提前对围岩强度和渗水情况进行成像分析，以便提前采取相应措施，控制预变形量。

（3）SAA 监测系统可用于测量三维和二维形状及三维振动，精度非常高：32m 累计误差为 ±1.5mm。能对 20cm 以上的变形量进行实时、连续、自动监测，可获取连续变形曲线，使用方便。

云屯堡隧道

4.2.1 工程概况

云屯堡隧道为双线合修隧道。进口里程 DK213+350，出口里程 D3K236+390，隧道全长 22923.419m；隧道最大埋深约 750m。本隧辅助坑道采用“7 横洞”方案。

隧道主要穿越三叠系上统新都桥组（T_3x）炭质千枚岩、千枚岩夹砂岩，侏倭组（T_3zh）砂岩夹千枚岩，局部夹炭质千枚岩；中统杂谷脑组上段（Tz^2）上段砂岩夹板岩、灰岩、千枚岩；杂谷脑组下段（T_2z^1）砂岩与板岩、灰岩及千枚岩不等厚互层。测区主要的区域构造为岷江活动断裂，分布于线路左侧 500 ~ 3500m，洞身线位位于断裂带的下盘，受其影响，区内构造条件复杂，主要发育有龙安堂倒转背斜、云昌倒转向斜、云昌倒转背斜、新塘关 1 号向斜、新塘关 1 号背斜、新塘关 2 号向斜、新塘关 2 号背斜、新塘关 3 号向斜、新塘关 3 号倒转背斜、德胜村倒转向斜、云屯堡 1 号倒转背斜、云屯堡 1 号倒转向斜、云屯堡 2 号倒转背斜、云屯堡 2 号倒转向斜、夏莫倒转复向斜、云屯堡 1 号推测背斜等 17 个次级褶皱及落石沟冲断层。受上述构造影响，区内岩体扭曲和挤压破碎严重，节理裂隙发育，围岩稳定性差。区内地下水主要为孔隙水、基岩裂隙水，构造裂隙水及少量岩溶水。板岩、千枚岩为弱富水地层，砂岩、砂质板岩、灰岩受构造影响裂隙发育，属富水性中等的岩组，但是在褶皱核部、断层等构造有利部位及物探 V 类异常区、9 处浅埋沟谷段，地下水可局部富集，预测隧道最大涌水量为 $4.89 \times 10^4 m^3/d$。区内对工程影响较大的滑坡为雄山村 1 号、2 号、3 号滑坡，分布于 D6K235+100 ~ D6K235+320 段、D6K235+390 ~ D6K235+440 段、D3K236+034 ~ D3K236+146 段，该处隧道浅埋且位于泥石流沟谷中，最小埋深仅 12m 左右，滑面距洞顶最小约 9m；隧道进出口边坡高陡存在危岩落石，出口线位偏压显著；其余的滑坡及岩堆、泥石流、危岩落石多分布于隧道洞身地表，对隧道主体工程影响较小。隧道部分段落埋深较大，最大埋深达 780m，受地质构造影响，在褶皱核等部位易出现应力集中，受相对高地应影响千枚岩、板岩等软质岩地层及构造破碎岩体带等段落易产生大变形，预测中等大变形段落长 2250m，轻微大变形段落长 400m，可能变形段落长 14163.419m。测区内岩石变质作用复杂，各地层皆含有炭质千枚岩，尤其是新都桥组地层以炭质地层为主，具有瓦斯等有害气体富存的物质基础，在背斜及断层挤压型段落等构造条件下易富集积聚。段内变质岩较多，部分岩体中存在放射性较高的问题。地下水在环境作用类别为化学侵蚀环境、氯盐环境及结晶破坏环境时，地下水对混凝土结构的环境侵蚀等级为H1。

不良地质：高地应力、软岩大变形、危岩落石、泥石流、顺层偏压、仰坡顺层、滑坡、岩堆等。

4.2.2 处置思路

本隧道工程地质呈现出典型的“四极三高五复杂”特征。即：“地形切割极为强烈、构造条件极为复杂活跃、岩性条件极为软弱破碎、汶川地震效应极为显著；高地壳应力、高地震烈度和高地质灾害风险；复杂的构造运动历史、复杂多变的复理岩建造、复杂的地应力环境、复杂的地下水条件、复杂的构造形式”。岩体岩石特征极其复杂多变，受岷江活动断裂带多次构造运动的挤压影响，隧道岩体构造沿线路方向呈现出“揉皱现象”，对隧道施工开挖极为不利。尤其是多处的向斜背斜、复向斜复背斜的逆向倒转，掌子面残余应力处于失稳状态，安全风险极高。针对掌子面揭示的不同构造及岩性特征，采取因地制宜的综合处置是确定本隧道动态设计参数的关键，对于严重大变形地段均以初期支护二次支护结合长短锚杆施作，以主动控制围岩的理念，稳定围岩，以科学合理的时机施作二次衬砌，确保安全、有序；对于特殊困难地段软岩流、塑状的软岩采取“帷幕注浆”的形式开挖通过。

4.2.3 云屯堡隧道不良地质及处置要点

4.2.3.1 云屯堡隧道4号横洞工区（D5K221+715 ~ D5K221+689）

1）不良地质现象

在D5K221+715 ~ D5K221+694段已施作二次支护的情况下右侧拱腰位置出现混凝土剥落掉块，钢架扭曲变形，呈现一纵向破坏条带。

2）施工图地质情况

地质判定该处为层间挤压破碎带，受新塘关2号背斜影响。岩性主要为三叠系上统侏倭组（T_3zh）砂岩夹千枚岩。

3）现场揭示地质情况

第一次变形开始时间为2017年12月21日至2018年1月2日，掌子面里程为D5K221+689，第二层钢架支护里程为D5K221+694，D5K221+699 ~ D5K221+689拱墙局部出现初期支护混凝土开裂、剥落掉块，局部钢架变形。第一次变形情况如图 4-38 所示。

第二次变形时间为 2018 年 1 月 3 日至 2018 年 1 月 8 日，此时第一层钢架支护里程为 D5K221+689，第二层钢架支护里程为 D5K221+694。D5K221+699 ~ D5K221+689 段变形发生突变，该段右侧拱部至边墙初期支护混凝土大面积剥落掉块，钢架扭曲变形、断裂，出现鼓包；同时 D5K221+689 ~ D5K221+715 段受到变形影响，拱墙局部出现初期支护混凝土开裂、剥落掉块现象。第二次变形情况如图 4-39 所示。

图 4-38　第一次局部变形

图 4-39　第二次变形情况

4）成因分析

该段隧道围岩岩性变化快，且多为软质岩，受附近新塘关 3 号倒转背斜等构造影响，节理裂隙较发育，围岩破碎，稳定性差。同时，本段地下水较发育，软质岩遇水后强度大大降低，围岩自稳性较差，围岩易产生沿结构面的压溃变形。该段隧道掌子面施工时曾经发生溜坍，溜坍体积约 200m^3，围岩上方形成空腔体，受“8・8”九寨沟地震影响，该段腔体围岩受扰动较大，发生二次坍塌，拱架极限受压破坏，造成坍塌。

5）现场处置要点

（1）第一次变形采取措施

①D5K221+689 暂停掌子面施工，掌子面铺设 ϕ8 钢筋网片，间距 20cm × 20cm，并喷射 15cm 厚 C30 混凝土封闭。

②D5K221+699 ~ D5K221+689 段上台阶拱墙增设 ϕ42 钢花管注浆，长度 5m，间距 1.0m × 1.2m（环 × 纵）。

③D5K221+699 ~ D5K221+689 段及时设置临时仰拱，封闭成环。

（2）第二次变形采取措施

①变形段落采用洞渣回填，回填里程段 D5K221+689 ~ D5K221+700。

②改变施工方法，变 CRD 法为三台阶法。D5K221+705 ~ D5K221+699 段上台阶拱墙增设 ϕ42 钢花管注浆，长度 5m，间距 1.0m × 1.2m（环 × 纵）。

③D5K221+705 ~ D5K221+699 段及时设置临时仰拱，封闭成环。

④加强监控量测，并将监测数据和量测断面相结合进行分析，补强措施期间如有异常及时上报。

⑤后续段落施工时，一次支护封闭成环后，根据支护变形情况，确定是否需要对一次支护进行补强。

⑥后续施工应加强监控量测，并与断面扫面相结合，及时上报。监控量测点加密埋设情况如图 4-40 所示。

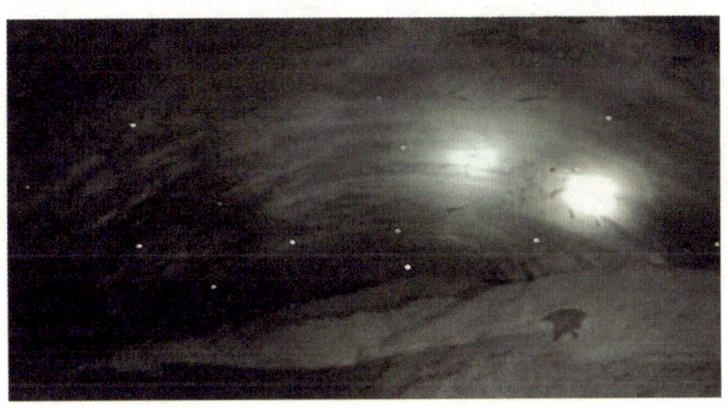

图 4-40 加密埋设监控量测点

6）采取措施后的效果

超前管棚与小导管结合使用，能有效控制大变形。采取措施后，围岩保持平整，未发生变形，监控量测数据显示围岩收敛趋于平稳，有效地控制住了富水段围岩变形，保障了施工安全。采取措施后支护情况如图 4-41 所示。

a）

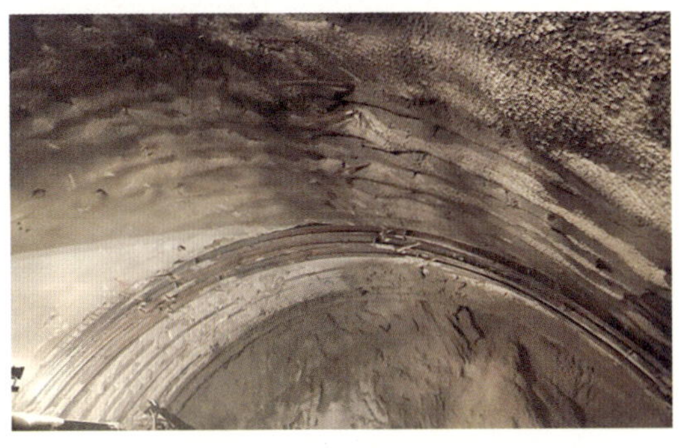

b）

图 4-41 采取措施后支护情况

7）集成技术及创新点

（1）总结了层间挤压破碎带隧道变形特点和规律。

（2）研究了在岩体遇水软化、地震二次影响、变形空腔扩大等异常条件下的施工工法和支护体系。

（3）创新了采用超前管棚和小导管组成的“大小超前钢管组合”超前支护体系。超前支护体系施作情况如图 4-42、图 4-43 所示。

图 4-42 D5K221+692 施作管棚

图 4-43 小导管施作并注浆

（4）研究了围岩预加固措施的影响范围，建立预支护超前系统，同时研究出 CRD 与台阶法在不同地质情况下的转换条件。

4.2.3.2 云屯堡隧道 5 号横洞（HD5K1+000 ~ HD5K0+950）

1）不良地质现象

横洞富水段初期支护大变形。

2）施工图地质情况

云屯堡隧道 5 号横洞 HD5K1+000 ~ HD5K0+950 段埋深约 120m，地质情况主要为三叠系上统侏倭组（T_3zh）砂岩夹千枚岩。

3）现场揭示地质情况

围岩以薄层状千枚岩夹砂岩为主，弱风化，岩质较软，局部层理扭曲，围岩破碎，节理裂隙发育，拱顶掉块，裂隙水及其发育，围岩稳定性差。开挖揭示围岩情况如图 4-44 所示。

4）成因分析

受云屯堡 1 号倒转背斜影响，围岩多为软质岩，且该段落地下水发育，软质岩遇水软化，强度大大降低，施工过程中发生溜坍。

5）现场处置要点

（1）HD5K1+000 ~ HD5K0+950 段增设中管棚，并且采取径向注浆对围岩进行加固。

（2）初期支护钢架更换为 I20b 型钢钢架；加密钢架及超前小导管。钢架加密支护如图 4-45 所示。

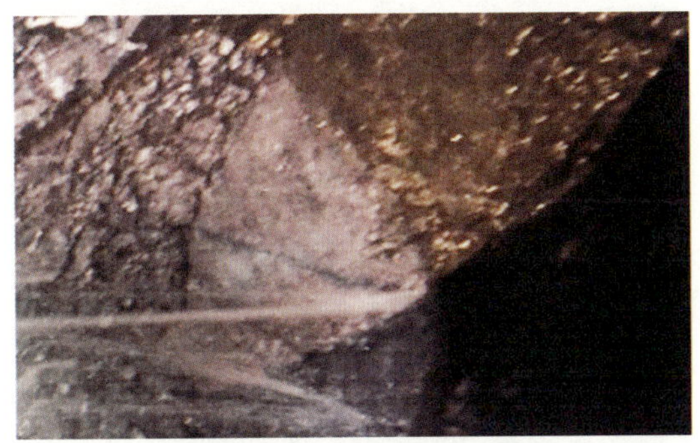

图 4-44 开挖揭示围岩情况

图 4-45 I20b 钢架加密支护

（3）加强了监控量测，点加密，频率增加。

6）采取措施后的效果

采取围岩注浆加固、钢支撑加强等综合措施后，监控量测数据显示围岩收敛趋于平稳，有效地控制住了富水段围岩变形，保证了施工安全与工期。

7）集成技术及创新点

（1）研究了富水变形围岩针对性加固措施，分析总结了富水段加固各阶段变形规律及范围。

（2）总结实践了软岩富水条件下超前中管棚注浆加固技术。

4.2.3.3 云屯堡隧道 5 号横洞工区（D5K226+390 ~ D5K226+435）

1）不良地质现象

软岩大变形。

2）施工图地质情况

围岩为三叠系上统侏倭组（T_3zh）砂岩夹千枚岩，处于挤压破碎带。

3）现场揭示地质情况

围岩主要以板岩夹千枚岩、炭质板岩、砂岩，薄层状，局部夹白色方解石岩脉，弱风化，岩质较软，节理裂隙发育，掌子面局部有渗水见少量滴状水，围岩破碎 ~ 极破碎，板岩、炭质板岩、千枚岩遇水易软化，掌子面及拱顶掉块，围岩稳定性极差。开挖揭示围岩情况如图 4-46 所示。

4）成因分析

受云屯堡 1 号倒转背斜及挤压带影响，围岩极其破碎，多为软质岩。且地下水发育，围岩遇水软化，强度降低，局部存在应力集中。边墙初期支护开裂、掉块情况如图 4-47 所示。

图 4-46　开挖揭示围岩情况

图 4-47　边墙初期支护受围岩变形影响出现开裂、掉块

5）现场处置要点

（1）采用双线段中等大变形Ⅱ型衬砌。

（2）初期支护全环设置 HW175 型钢钢架，间距 0.6m/ 榀，增设一环 ϕ89 长管棚及大外插角 ϕ42 注浆管小导管进行围岩加固，大外插角 ϕ42 小导管与 ϕ89 中管棚交错布置。拱部 90° 范围采用 ϕ22 组合中空锚杆，L=4.0m；边墙采用 ϕ32 自进式锚杆，L=8.0m。锁脚锚管调整为 L=6.0m，对围岩进行注浆加固。长短锚杆结合、注浆加固围岩施工如图 4-48 所示。

图 4-48　长短锚杆结合，对破碎围岩进行注浆加固

6）采取措施后的效果

通过采取围岩注浆加固、提高钢架强度、并施作长短锚杆等综合措施后，初期支护未出现开裂、掉块现象，初期支护未出现二次变形。

7）集成技术及创新点

（1）针对挤压破碎带软岩大变形特征，总结了挤压破碎带软岩大变形段加强支护参数。

（2）对锚杆功能及锚固范围进行区分，结合岩体塑性变形发展趋势，总结出不同类型的锚杆施工时机，采用长短结合的锚杆体系，保证了锚杆作用的充分发挥。

4.2.3.4 云屯堡隧道6号横洞（HD6K0+460 ~ HD6K0+400）

1）不良地质现象

富水段初期支护大变形。

2）施工图地质情况

该段落HD6K0+460 ~ HD6K0+400段埋深约150m，地质情况主要为三叠系上统侏倭组（T_3zh）砂岩夹千枚岩掌子面围岩。

3）现场揭示地质情况

围岩主要以板岩为主，弱风化，岩质硬，围岩破碎，渗水，节理裂隙发育，掌子面稳定性差，褶皱、围岩破碎，裂隙水极其发育。开挖揭示围岩情况如图4-49所示。

图4-49 开挖揭示围岩情况

4）成因分析

受云屯堡1号倒转背斜等构造及地下水发育影响，围岩极其破碎，黏结力极差，受地下水影响，强度大大降低，拱顶施工时发生溜坍。2015 年 2 月，HD6K0+460 ~ HD6K0+400 段出现富水段初期支护大变形。

5）现场处置要点

（1）采取径向注浆堵水。

（2）增设长锚杆。

（3）加大监控量测的频率。

6）采取措施后的效果

富水段注浆堵水后，围岩得到加固，未发生拱顶溜坍。初期支护通过施作长锚杆，做到锚撑一体，有效地控制了变形。注浆堵水施工及效果如图 4-50、图 4-51 所示。

图 4-50　掌子面预处理

图 4-51　富水区域注浆堵水效果

7）集成技术及创新点

（1）研究富水段岩体，锁脚锚杆的选定标准，针对不同围岩采取不同类型的锁脚锚杆，保证了锚杆作用得到充分发挥。

（2）锚杆与型钢支撑体系同步配合做功，实践性验证了“锚撑一体”支护系统的有效性。

4.2.3.5　云屯堡隧道 7 号横洞工区（D6K234+507 ~ D6K234+421）

1）不良地质现象

软弱围岩段落大变形。

2）施工图地质情况

该段落三叠系上统新都桥组（T_3x）炭质千枚岩，千枚岩夹砂岩，软质岩为主。

3）现场揭示地质情况

围岩主要以炭质千枚岩、炭质板岩为主，薄层状，局部夹白色方解石岩脉，弱风化，岩质较软，岩层走向与线路近似垂直，倾向小里程方向，局部层理褶曲明显，节理裂隙发育，掌子面局部渗水，围岩破碎，软弱夹层发育，炭质千枚岩、炭质板岩遇水易软化，掌子面及拱部掉块，围岩稳定性差。开挖揭示围岩情况如图 4-52 所示。

2016 年 4 月，D6K234+507 ~ D6K234+421 段出现软弱围岩段落大变形。初期支护挤压开裂情况如图 4-53 所示。

图 4-52　开挖揭示围岩情况

图 4-53　局部初期支护受围岩挤压，出现开裂

4）成因分析

（1）受夏莫倒转向斜等构造影响。

（2）构造带发育。

5）现场处置要点

（1）采用中等大变形（Ⅱ型）支护。

（2）初期支护全环设置 HW175 型钢钢架，间距 0.6m/ 榀，ϕ42 小导管超前支护，每环 38 根，单根长 4.5m，纵向间距 3.0m。拱部 90° 范围采用 ϕ22 组合中空锚杆，长度为 4m；边墙采用 ϕ32 自进式锚杆，长度为 8m。锁脚锚管调整为 6.0m，对围岩进行注浆加固。边墙注浆加固施工如图 4-54 所示。

图 4-54　边墙注浆加固施工

6）采取措施后的效果

通过采取围岩注浆加固、长短锚杆结合施工后，有效地抑制了围岩变形。

7）集成技术及创新点

结合围岩情况，采用注浆加固围岩，锚杆采用长短结合，形成“注锚”加固体系，有效地控制了软岩大变形。

4.2.3.6 云屯堡隧道7号横洞工区（D6K234+485 ~ D6K234+580）

1）不良地质现象

软弱围岩段落大变形。

2）施工图地质情况

该段落三叠系上统新都桥组（T_3x）炭质千枚岩，千枚岩夹砂岩，受夏莫倒转向斜等构造影响，段落附近挤压破碎带发育。

3）现场揭示地质情况

围岩主要以炭质千枚岩、炭质板岩夹砂岩为主，弱风化，薄层状，岩质较软，岩层走向与线路呈小角度斜交，接近平行，陡倾向掌子面左侧，节理裂隙发育，围岩破碎，围岩整体稳定性差，掌子面附近可见股状水流出。该段落处于向斜核部附近，受构造影响，节理裂隙较为发育；同时，D6K234+485掌子面附近发育一小型层间破碎带，受构造复合影响，该段围岩较为破碎，岩体呈碎块状结构，自稳能力差。现场揭示破碎围岩及溜塌情况如图4-55所示。

图4-55　破碎岩体向临空面发生溜坍形成空腔

4）成因分析

（1）溜塌段围岩主要为千枚岩，属极软岩，围岩强度低，且遇水易软化、自稳能力极差。

（2）围岩结构松散破碎，岩体间黏结力差。

（3）受夏莫倒转向斜等构造作用明显。

初期支护开裂情况如图 4-56 所示。

5）现场处置要点

（1）在该段变形及溜坍段加密围岩量测点，指定专人加强围岩量测并加大量测频率，及时反馈信息。

（2）初期支护为 HW175 型钢钢架，间距 0.6m/ 榀；仰拱初期支护钢架与其及时成环。

（3）增设系统锚杆拱墙采用 8m 长 ϕ28 自进式锚杆进行加固。

6）采取措施后的效果

采取措施后，拱顶溜坍得到有效控制，监控量测数据显示变形趋于稳定。掌子面加固后效果如图 4-57 所示。

图 4-56 围岩变形，造成初期支护开裂

图 4-57 掌子面加固后效果

7）集成技术及创新点

长锚杆利用自进式锚杆的“一次成型”的优点，解决了普通锚杆无法应对的断层破碎带钻孔塌孔无法插杆的难题。

柿子园隧道

柿子园隧道进口工区（D2K77+075 ~ D2K77+175）不良地质及处置要点如下所述。

1）不良地质现象

浅埋偏压地段软岩大变形。柿子园隧道 D2K77+075 ~ D2K77+175 段在开挖支护一段时间后，初期支护边墙出现裂缝、拱顶开裂掉块、钢架扭曲变形的现象，初期支护最大侵入二次衬砌 398mm。

2）施工图地质情况

根据施工图勘察资料，柿子园隧道 D2K77+075 ~ D2K77+175 段处于地表一条冲沟左侧下方，埋深 60 ~ 70m，围岩为三叠系上统须家河组（T_3x）泥灰岩夹砂岩，以泥灰岩为主，夹有煤线，灰黑色，岩层软硬相间，彭县—灌县活动断裂位于 D2K76+950 附近，晓坝场 1 号断层位于 D2K77+700 附近，该段处于两条断层带之间，靠近活动断裂上盘，受断裂带影响，岩体破碎；地下水弱发育，局部偶见滴水。

3）现场揭示地质情况

柿子园隧道 D2K77+075 ~ D2K77+175 段揭示围岩为三叠系上统须家河组（T_3x）泥灰岩夹砂岩，以泥灰岩为主，夹有煤线，灰黑色，岩层软硬相间，层间有镜面现象，结合力较差；泥灰岩为薄层状，部分呈页状，泥质胶结，岩质较软；砂岩为薄层状，片状，钙质胶结，岩质较硬；彭县—灌县活动断裂位于 D2K76+950 附近，晓坝场 1 号断层位于 D2K77+700 附近，该段处于两条断层带之间，靠近活动断裂上盘，受断裂带影响，岩体破碎，发育 3 ~ 4 组节理，掌子面稳定性一般；岩层产状 NE20° ~ 45°，与隧道走向夹角 10° ~ 30°，倾向 NW（掌子面左侧），倾角约 30° ~ 50°，受构造影响，岩层扭曲变形较严重；地下水弱发育，局部偶见滴水。开挖揭示围岩情况如图 4-58 所示。

4）成因分析

（1）顺层偏压。岩层产状 NE20° ~ 45°，与隧道走向夹角 10° ~ 30°，倾向 NW（掌子面左侧），倾角约 30° ~ 50°，产状与隧道走向的不利组合形成洞内顺层现象，加之层理发育，隧道开挖后在左侧起拱线部位形成应力集中，造成岩体局部破坏，引起隧道左侧屈服变形；右侧在初期支护衬砌作用下，边墙部位顺层坍滑现象较少，引起变形量亦不大，但经左侧屈服变形后，岩石松动圈增大，牵引右侧变形。

a）

b）

图 4-58　开挖揭示围岩情况

（2）岩体裂隙、微裂隙发育。本段处于两条断层之间，靠近彭县—灌县活动断裂，构造极发育，岩层压扭、挠曲现象很多，节理发育，岩体破碎；单纯从掌子面的岩体情况看，岩体完整性一般，但从开挖的渣样看，块体很小，多呈角砾状，说明岩体内部的微裂隙较为发育，这就为岩体的破坏创造了必要的边界条件。

（3）地下水作用。地下水渗入岩体结构面，降低层间结合力，弱化岩体稳定性，加剧围岩变形。

初期支护钢架变形、拱顶开裂情况如图 4-59、图 4-60 所示。

图 4-59　D2K77+094 钢架扭曲断裂

图 4-60　D2K77+142 ～ D2K77+170 段拱顶开裂

5）现场处置要点

（1）上台阶设置临时仰拱闭合成环。加设临时工字钢横撑如图 4-61 所示。

（2）左侧边墙预留变形量调整为 30cm，右侧边墙预留变形量调整为 20cm。

（3）D2K77+075 ～ D2K77+121 段拱墙增设 ϕ32 自进式锚杆，长度 10m，间距均为 2.4 m×2.0m（环 × 纵）；D2K77+121 ～ D2K77+175 拱部增设 6m 长 ϕ25 组合中空锚杆，左侧边墙增设 ϕ32 自进式锚杆，长度 10m；右侧边墙增设 ϕ22 砂浆锚杆，长度 6m；锚杆间距均为 1.2 m×1.0m（环 × 纵）。

（4）钢架进行更换。D2K77+075 ～ D2K +175 段钢架更换为 H175 型钢钢架，间距 0.6m/ 榀。拆换、替换钢架情况如图 4-62 所示。

图 4-61　临时工字钢横撑

图 4-62　拆除、替换钢架

（5）拱墙采用 ϕ42 小导管径向注浆加固围岩，小导管长度 5m，间距 0.6m×0.8m（纵 × 环），注浆材料采用水泥—水玻璃双液浆。

（6）D2K77+175 ～ D2K77+815 段采用 H175 型钢加强支护，间距 0.6m/ 榀。左侧边墙预留变形量调整为 30cm，右侧边墙预留变形量调整为 20cm。

（7）将该段衬砌调整为Ⅴ级围岩加强型衬砌。

6）采取措施后的效果

初期支护混凝土不再发生混凝土剥落、开裂、掉块现象，钢架未发生扭曲变形现象，拱顶下沉变形量控制在 14.8 ～ 165.6mm，水平收敛控制在 9.9 ～ 181mm 之间，变形得到有效控制，并趋于稳定。采取措施后衬砌如图 4-63、图 4-64 所示。

图 4-63　大变形地段施作衬砌现场

a）

b）

图 4-64　大变形地段施作完成的衬砌

7）集成技术及创新点

大变形段创新并采用了自进式长锚杆与短锚杆相结合的方式进行加固，有效主动地控制了软岩变形。

4.4 松潘隧道

4.4.1 工程概况

松潘隧道为双线合修隧道，进口里程 D4K239+630，出口里程 D3K247+678，全长 8048m，隧道为傍山隧道，最大埋深 270m，设计为单面上坡，最大坡度 15‰，辅助坑道采用“1 斜井”方案。全隧共穿越 8 条泥石流冲沟，洞身穿过泥石流堆积体扇体底部，最浅处埋深仅 28m；隧址区地处全新世岷江活动断裂带南段右侧 170 ~ 600m，位于岷江断裂下盘，隧道走向与岷江活动断裂近乎平行，平面位置关系如图 4-65 所示。

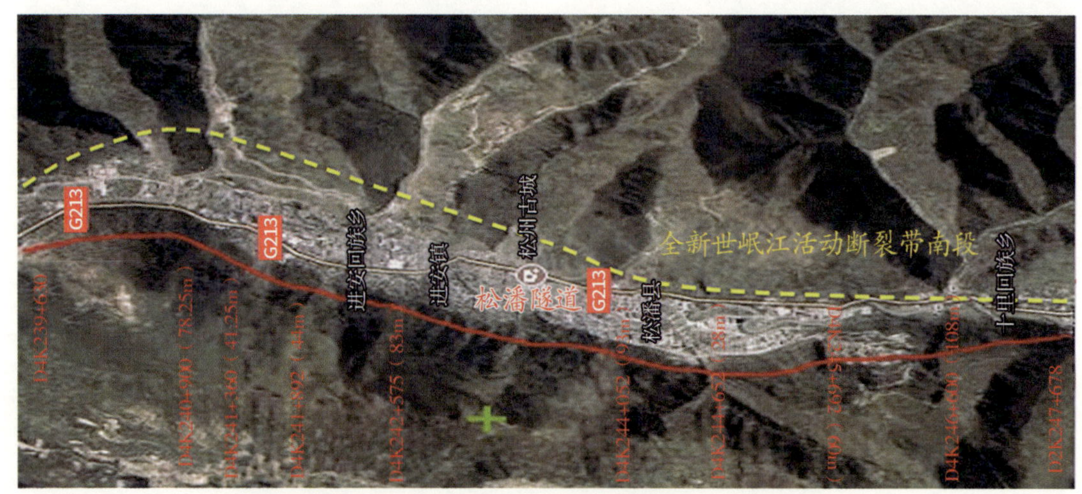

图 4-65　全新世岷江活动断裂带与松潘隧道平面位置关系

受区域性构造影响，区内岩体节理、裂隙发育，层间挤压破碎，揉皱较发育，层理产状变化大，岩体完整性较差；山间沟谷多为季节性流水，地下水主要为基岩裂隙水，贮存于破碎岩体中，富水性一般，本隧道预测最大涌水量 15000m^3/d；地下水对混凝土结构的酸性侵蚀等级为 H1。隧道位于青藏高原的东缘，属中山构造剥蚀地貌，隧道穿越地层为三叠系（T_3x）炭质板岩夹砂岩、板岩，岩质软弱，岩体挤压破碎严重，节理裂隙发育。

不良地质：活动断裂，大变形，滑坡、泥石流，特殊岩土有松潘黄土、季节性冻土等。

4.4.2 松潘隧道不良地质及处置要点

4.4.2.1 松潘隧道斜井工区（D3K243+550 ~ D3K243+650）

1）不良地质现象

散体结构构造软岩大变形。

（1）初期支护变形速率大，递增较快且持续时间长，累计变形量为 35 ~ 55cm。

（2）掌子面向洞内出现挤出、溜坍，如图 4-66 所示。

图 4-66 掌子面挤出、溜坍

（3）拱腰部位喷射混凝土开裂严重，出现环向贯通拉裂裂缝，局部剥落、掉块，如图 4-67、图 4-68 所示。有水地段，初期支护严重变形，局部变形侵限严重。

图 4-67 环向贯通拉裂裂缝

图 4-68 喷射混凝土剥落、掉块

2）施工图地质情况

根据施工图勘查资料，松潘隧道位于岷江活动断裂带右侧 170 ~ 600m，位于岷江活动断裂下盘，隧道围岩为三叠系（T_3x）炭质板岩夹砂岩、板岩，岩质软弱，岩体挤压严重，节理裂隙发育。

3）现场揭示地质情况

隧道围岩为三叠系（T_3x）炭质板岩夹砂岩、板岩，呈灰白、灰色，粉细粒 ~ 细粒结构，层理清晰，薄层状结构，可见白色方解石脉；受区域构造的影响，岩体挤压破碎严重，次生小断层及揉皱较发育，层理产状变化较大，岩体极为破碎松散，自稳性差，岩质软，遇水易软化，易风化剥落，抗风化能力差，属典型的散体结构构造软岩；地下水主要为基岩裂隙水，贮存于破碎岩体中，富水性一般，岩体节理裂隙发育，贯通性较好，局部可见股状渗流。隧道掌子面岩体如图 4-69、图 4-70 所示。

图 4-69　破碎松散岩体、方解石脉

图 4-70　岩体挤压破碎严重

4）成因分析

（1）松散、软弱、破碎的围岩条件。

受岷江活动断裂的影响，洞室围岩极为松散、软弱、破碎，层理产状比较发育等，具有较低的岩体抗压强度和弹性模量等物理力学参数。因隧道开挖使得岩体原有天然应力状态被破坏以及开挖扰动应力等叠加影响，引起围岩应力状态的重分布，一部分应力以变形能的形式释放，引起洞周和掌子面局部区域应力集中，导致该区域围岩的强度应力比急剧下降，产生显著的黏、塑性变形；另一部分应力则向洞周深部转移、扩展，扩大洞周岩体的塑性区，随着塑性区进一步扩大，使作用于支护体系上的围岩压力加大，从而加剧了支护体系的变形。

（2）地下水的不利作用。

地下水进一步软化、泥化围岩，使围岩极限强度急剧下降，同时加剧了结构面间的相互错动，导致岩体沿结构面向洞内变形，尤其加剧了隧道掌子面的挤出变形。

5）现场处置要点

（1）对 D3K243+550 ~ D3K243+600 段侵限的初期支护进行拆换，如图 4-71 所示。

图 4-71　初期支护拆换

（2）D3K243+600 ~ D3K243+650 段初期支护全环钢架由 I20b 型钢钢架调整为 HW175 型钢钢架，钢架间距由 80cm 调整为 60cm。

（3）D3K243+600 ~ D3K243+650 段，一是在隧道开挖后，利用开挖后洞室短暂的稳定时间，快速施作系统“短”锚杆，拱部采用 ϕ22 组合中空锚杆，长度 4m；边墙采用 ϕ22 普通砂浆锚杆，长度 4m；间距均为 1.2 m × 1.0m（环 × 纵）。二是在初期支护闭合成环后，对变形速率持续 2 ~ 3d 均大于 5mm/d 和累计变形量超过预留变形量 70% ~ 80% 的变形仍不收敛的段落，采用两臂凿岩台车后打施作补强“长”锚杆进行补强加固。补强长锚杆为 ϕ22 中空锚杆，长度为 6m，间距 1.2 × 1.0m（环 × 纵），如图 4-72 所示。

（4）D3K243+600 ~ D3K243+650 段工法由三台阶法调整为微三台阶上部核心土法，如图 4-73 所示。

图 4-72　两臂凿岩台车施作长锚杆

图 4-73　微三台阶上部核心土法

6）采取措施后的效果

（1）采用微三台阶上部核心土施工技术，有效地控制了掌子面的挤出变形及溜坍，确保隧道的掘进安全。同时采用微台阶上部核心土施工技术，实现了散体结构构造软岩隧道施工中速挖、速支护及速封闭，隧底初期支护紧跟，初期支护在短时间（7 ~ 8d）内封闭成环，形成良好的结构受力体系，确保了隧道结构的整体安全和有效控制变形。施工工序如图 4-74 所示，正断面示意如图 4-75 所示，纵断面示意如图 4-76 所示。

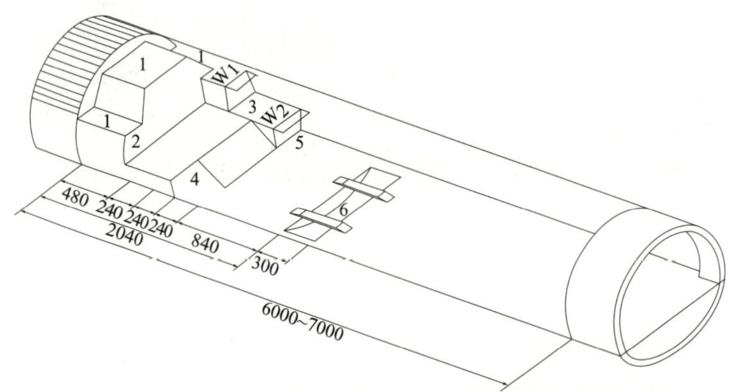

图 4-74 微三台阶上部核心土法施工技术施工工序透视图（尺寸单位：cm）

1 ~ 6- 工序编号；W1、W2- 中、下台阶开挖后行侧预留岩柱，留置宽度约台阶长度的 1/3，可根据岩体的破碎程度及自稳性而定。必要时，采用锚网喷支护

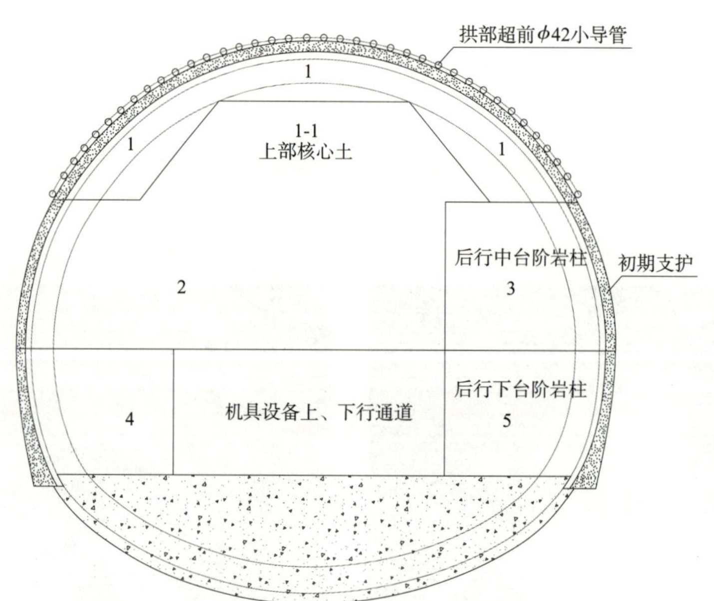

图 4-75 微三台阶上部核心土法施工技术正断面示意图

1 ~ 5- 施工工序编号

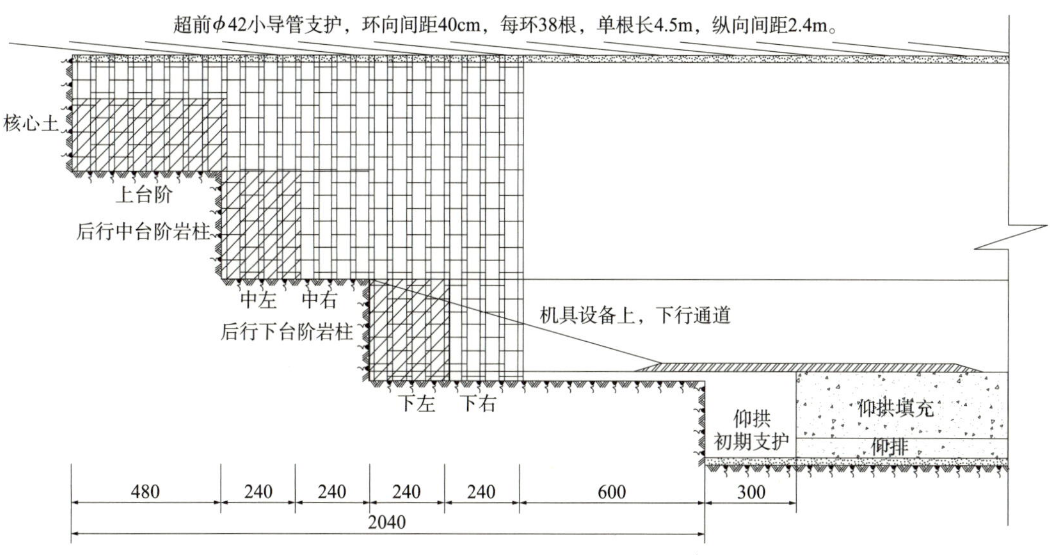

图 4-76　微三台阶上部核心土法施工技术纵断面示意图（尺寸单位：cm）

(2) 采用长短锚杆相结合施工技术，充分发挥系统“短”锚杆和补强“长”锚杆不同的作用机理。系统“短”锚杆加固了浅部已受开挖扰动的松散破碎围岩，共同组成具有一定承载能力的加固组合拱结构（锚杆 + 浅部围岩），有效地限制、控制了围岩的变形。补强“长”锚杆将初期支护和加固组合拱结构形成的支护体系一起锚入和悬吊于深部稳定岩体中，形成了支护体系和深部稳定岩体共同作用体，以协调和控制变形，如图 4-77 所示。

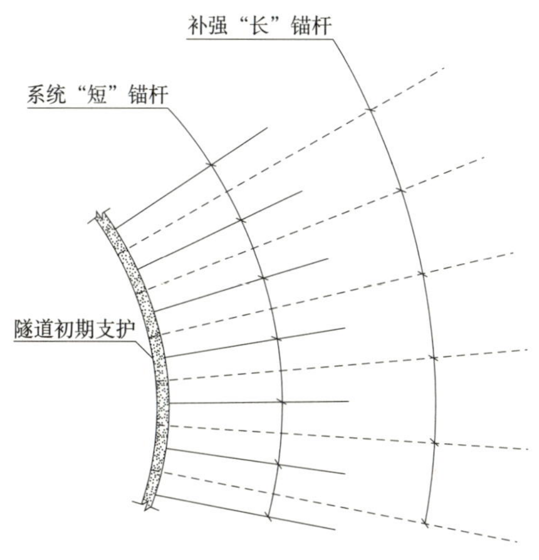

图 4-77　长短锚杆复合群锚支护结构示意图

7) 集成技术及创新点

首次提出微三台阶上部核心土法施工技术和长短锚杆相结合施工技术。

(1) 微三台阶上部核心土法施工技术

一是上台阶和先行侧中台阶留置上部核心土，保证掌子面的稳定；二是中、下台阶不留核心土，仅在后行侧中、下台阶留置中下台阶岩柱，为隧道施工的大型机械化配套施工提供稳定、安全的作业平台；三是微三台阶，全断面快速掘进，短时间内初期支护封闭成环，形成良好的整体结构受力体系。

(2) 长短锚杆相结合施工技术

一是系统“短”锚杆对洞周浅部已受开挖扰动的松散破碎围岩进行加固，共同组成具有一定承载能力的加固组合拱结构；二是补强“长”锚杆将支护体系一起锚入和悬吊于深部稳定岩体中。因此，在“长、短锚杆”群锚效应协调作用下，初期支护 + 短锚杆 + 浅部岩体 + 长锚杆 + 深部岩体等共同组成一个有机的相互协同作用的共同承载的复合系统支护结构。

4.4.2.2 松潘隧道进口工区（D4K240+060 ~ D4K240+070）

1) 不良地质现象

松散软弱岩大变形导致隧道溜塌。

2) 施工图地质情况

松潘隧道位于青藏高原的东缘，属中山构造剥蚀地貌，地表上覆第四系全新统冲洪积层、滑坡堆积层、泥石流堆积层粉质黏土、粗角砾土及更新统松潘黄土、粗角砾土，厚度分别为 2 ~ 10m、0 ~ 5m 不等。下伏基岩为三叠系炭质板岩夹砂岩、板岩、岩质软弱，岩体挤压破碎严重，节理裂隙发育。本隧地处岷江断裂南段右侧 170 ~ 660m，位于岷江断裂下盘。山间沟谷多为季节性流水，地下水主要为基岩裂隙水，贮存于破碎岩体中，富水性一般。

不良地质为滑坡、泥石流、有害气体，大变形。特殊岩土有松潘黄土及季节性冻土。

3) 现场揭示地质情况

经现场核实 D4K240+060 ~ D4K240+070 段围岩为炭质板岩夹砂岩、板岩、局部含千枚岩。岩石弱风化，岩质软，围岩破碎，节理裂隙发育，渗水。地下水主要为基岩裂隙水，局部有股状水渗流，如图 4-78 所示。

4) 成因分析

(1) 受岷江断裂带区域构造的影响，岩体破碎严重，次生小断层及褶皱发育，层理产状变化较大，围岩软弱变化无常。

(2) 岩体极为破碎松散，自稳性较差，岩质软，遇水易软化，易风化剥落，抗风化能力差。

(3) 地下水主要为基岩裂隙水，贮存于破碎岩体中，富水性一般，岩体节理裂隙发育，贯通性较好，围岩在地下水的作用下，以碎屑流的形式涌出，在拱腰部位形成局部坍塌。

图 4-78 掌子面前方出现坍塌

5) 现场处置要点

(1) 采用洞渣回填反压。

(2) 挂网喷射混凝土封闭溜坍口。

(3) 混凝土填充溜坍空腔并进行注浆加强。

(4) 增设长锚杆。

(5) 加大监控量测的频率。

采取措施处理过程及效果如图 4-79 所示。

a)

b)

图 4-79

c）

d）

图 4-79 采取措施处理过程及效果

6）采取措施后的效果

通过采取上述措施，有效地控制了围岩溜坍的加剧，安全顺利地解决了掌子面溜坍，保证了施工安全。

4.4.2.3 松潘隧道斜井工区（D3K243+850 ~ D3K243+830）

1）不良地质现象

软弱破碎炭质板岩（千枚岩）导致大变形。

2）施工图地质情况

地质情况同隧道进口工区（D4K240+060 ~ D4K240+070）。

3）现场揭示地质情况

D3K243+850 ~ D3K243+830 段为炭质板岩夹砂岩、板岩、局部含千枚岩。地下水主要为基岩裂隙水，贮存于破碎岩体中，富水性一般，岩体节理裂隙发育，贯通性较好，局部可见股状渗流，如图 4-80、图 4-81 所示。

a）

b）

图 4-80 围岩松散状破碎

a）初期支护开裂

b）横撑变形

图 4-81　隧道支护变形图

4）成因分析

（1）受岷江断裂带区域构造的影响，岩体挤压破碎严重，次生小断层及褶皱发育，层理产状变化较大，围岩软弱变化无常。

（2）岩体极为破碎松散，自稳性较差，岩质软，遇水易软化，易风化剥落，抗风化能力差。

5）现场处置要点

（1）隧道变形段按微三台阶工法施工，全环设 I20b 型钢支护，间距 0.6m。

（2）拱部 90° 范围外采用的 ϕ42 注浆锚管与 G28 自进式锚杆交错布置，环向间距 1.0m，纵向间距 1.2m，并注浆，如图 4-82 所示。

a）

b）

图 4-82　自进式锚杆施工图

（3）上台阶与中台阶锁脚处增设 10m 长 G28 自进式锚杆。

（4）加大监控量测的频率。

6）处置后的效果

针对此段围岩变形，采用微台阶法施工，有效地使隧道支护尽快封闭成环；对变形段采用注浆小导管和自进式锚杆有效地对围岩进行注浆加固，并采用自进式锚杆对变形较大的拱脚处进行锁脚，有效地控制拱脚位移。

4.4.2.4 松潘隧道斜井工区（D3K244+200 ～ D3K244+240）

1）不良地质现象

炭质板岩（千枚岩）段发生大变形。

2）施工图地质情况

地质情况同进口工区（D3K240+060 ～ D3K240+070）。

3）现场揭示地质情况

D3K244+200 ～ D3K244+240 段围岩主要为炭质板岩加千枚岩，岩石强风化，岩质软，围岩破碎，节理裂隙发育，渗水，围岩自稳难，需要及时支护，局部地下水发育。2014 年 9 月，该段发生了大变形，如图 4-83、图 4-84 所示。

a）　　b）

图 4-83　隧道围岩情况

图 4-84　初期支护侵限须进行换拱

4）成因分析

（1）受岷江断裂带区域构造的影响，岩体挤压破碎严重，次生小断层及褶皱发育，层理产状变化较大，围岩软弱变化无常。

（2）岩体极为破碎松散，自稳性较差，岩质软，遇水易软化，易风化剥落，抗风化能力差。

（3）地下水主要为基岩裂隙水，贮存于破碎岩体中，富水性一般，岩体节理裂隙发育，贯通性较好，局部可见股状渗流。

5）现场处置要点

（1）隧道变形段按三台阶施工，全环设 I22b 型钢钢架支护，间距 0.6m，中台阶设 I20b 横撑，如图 4-85 所示。

a）装设锚杆

b）施作注浆小导管

c）施作临时横撑

d）锚杆及注浆小导管

图 4-85 隧道内支护效果

（2）拱部 90°范围外采用的 ϕ42 注浆锚管与 G28 自进式锚杆交错布置，并注浆。

（3）上台阶与中台阶锁脚处增设 8m 自进式锚杆，拱墙部位设置径向注浆小导管，小导管长 5m。

（4）加大监控量测的频率，如图 4-86 所示。

a）

b）

图 4-86 安装完成的测试元件及导线布置

6）采取措施后的效果

（1）通过径向钢花管注浆加固技术，利用高压水泥浆液迅速凝固松散围岩、填充围岩节理裂隙以及受开挖后爆破影响而产生的裂隙，提高围岩强度。

（2）通过长锚杆将支护体系一起锚入和悬吊于深部稳定岩体中，协调和控制变形。

7）集成技术及创新点

（1）径向钢花管注浆加固松散体施工技术

施作径向钢花管注浆加固围岩，进一步固结洞周松散岩体形成"水泥结石"提高了洞周围岩的残余强度。一是提高围岩的强度和围岩的承载能力，有效地控制了围岩的塑性松动圈的进一步扩大和围岩的松弛变形；二是充填初期支护与洞周岩体的缝隙，使初期支护与洞周岩体密贴，增强初期支护与洞周岩体接触应力。

（2）长锚杆施工技术

"长"锚杆将支护体系一起锚入和悬吊于深部稳定岩体中。因此，在"长锚杆"协调作用下，初期支护 + 浅部岩体 + 长锚杆 + 深部岩体等共同组成一个有机的相互协同作用的共同承载的复合系统支护结构。

4.4.2.5 松潘隧道出口工区（D3K246+390 ~ D3K246+040）

1）不良地质现象

隧道软质岩大变形。

2）施工图地质情况

测区地表上覆第四系全新统滑坡堆积层（Q_4^{del}）粉质黏土、粗角砾土，冲洪积层（Q_4^{al+pl}）松软土、粉质黏土、细圆砾土、粗圆砾土，泥石流堆积层（Q_4^{sef}））粉质黏土、粗角砾土，更新统（Q_p）松潘黄土、细角砾土、粗角砾土。下伏基岩为三叠系上统新都桥组（T_3x）炭质板岩夹板岩、砂岩，上统侏倭组（T_3zh）砂岩、板岩夹炭质板岩。

3）现场实际揭示地质情况

D3K246+390 ~ D3K246+040 段围岩为炭质板岩、板岩，薄层状，局部夹方解石岩脉，岩质较软，岩层走向与线路呈大角度斜交，如图 4-87 所示。

4）成因分析

松潘隧道穿越区为炭质板岩、砂岩，板岩等，岩体破碎，多表现为强烈的揉皱变形。

5）现场处置要点

（1）全环设 HW175 型钢钢架，间距 0.6m/ 榀，如图 4-88 所示。

图 4-87　隧道地质情况

图 4-88　HW175 型钢钢架

（2）拱部设 ϕ42 超前注浆小导管，纵向 3m/ 环，单根长 4.5m，每环 38 根。

（3）拱部设置 ϕ22 中空组合锚杆，长度 4.0m，边墙设置 ϕ25 中空锚杆，长度 8m，如图 4-89 所示。

（4）全环设置 HPB300-ϕ8 钢筋网片，如图 4-90 所示。

图 4-89　隧道锚杆钻机施工

图 4-90　HPB300 ϕ 8 钢筋网片

6）采取措施后的效果

采取上述措施后收敛沉降明显减少，保证了施工安全，同时也节省了施工时间。

红桥关隧道

4.5.1 工程概况

红桥关隧道进口里程 D2K253+710，出口里程 D1K256+918.44，洞身段有一处断链，短链 10.67m，全长 3197.77m，地面高程 2950 ~ 3510m，最大埋深 410m，线路设计为单面上坡，最大坡度为 17‰，为双线铁路隧道。进口明挖段 225m，下穿国道 G213 公路，明暗交界里程 D2K253+710，出口段接长明洞 28.44m，明暗交界里程 D1K256+890，其余 2944.33m 为暗挖段，进口段洞身于 D2K254+550 ~ D2K255+000 段（439.33m）浅埋穿越全新世岷江活动断裂带（北段），与线路交角约 22°，历史上曾发生过 1748 年 6.5 级地震和 1960 年 6.7 级地震；且该段有两条泥石流沟交汇于此，洞身穿过泥石流堆积扇体后缘底部；出口段洞身于 D1K256+092 ~ D1K256+350 段（258m）穿过川主寺 1 号断裂带，断层走向为 N41°E，倾向 SE，与线路大里程夹角约 67°，如图 4-91 所示。

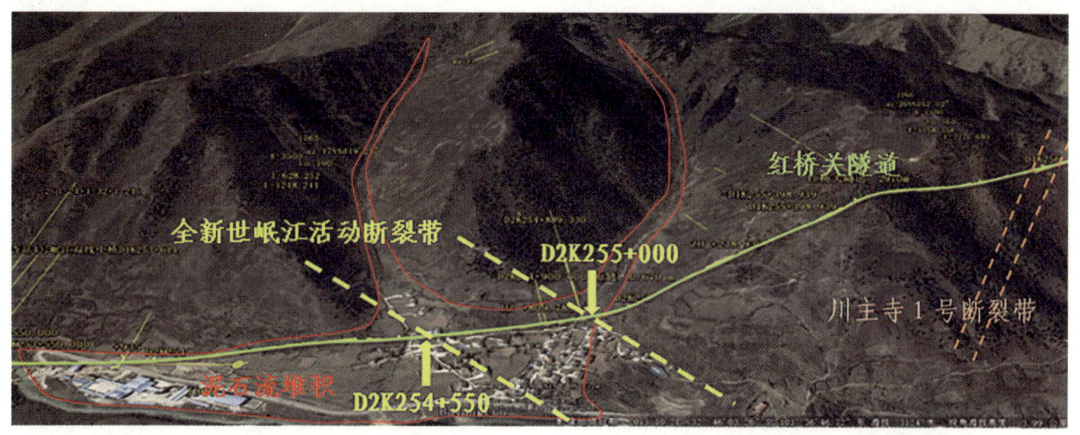

图 4-91　活动断裂带、泥石流堆积体、川主寺 1 号断裂带与红桥关隧道平面位置关系

受区域性构造影响，区内岩体节理、裂隙发育，层间挤压破碎，揉皱较发育，层理产状变化大，岩体完整性较差；地下水对混凝土结构侵蚀性等级为 H1；隧道进口端埋深小于 50m，覆盖层厚度 5 ~ 40m 不等，土质松散，稳定性较差，边仰坡容易发生坍滑，洞身易产生坍方冒顶的可能；隧道穿越地层岩性主要为第四系全新统泥石流堆积层

（Q_4^{sef}）、三叠系上统新都桥组（T_3x）炭质板岩夹砂岩，三叠系侏倭组（T_3zh）板岩、砂岩夹炭质板岩；特殊岩土为季节性冻土。

不良地质：活动断裂，大变形，滑坡，泥石流，季节性冻土。

4.5.2 红桥关隧道不良地质及处置要点

红桥关隧道出口工区（D1K255+756 ~ D1K255+794.5）不良地质及处置要点如下所述。

1）不良地质现象

松散、破碎、软质岩大变形。

D1K255+756 ~ D1K255+780 段隧底初期支护未封闭成环段，上台阶初期支护喷射混凝土出现开裂错位、剥离掉块；线路右侧起拱线以上 2m 左右 I16b 型钢钢架出现扭曲、局部呈“Z”字形断裂，线路左侧拱部初期支护拱墙侵入二衬限界，如图 4-92 所示。

a）

b）

图 4-92　D1K255+756 ～ D1K255+780 段初期支护喷射混凝土开裂及钢架扭曲、断裂破坏

D1K255+780 ~ D1K255+794.5 段隧底初期支护已封闭成环段，喷射混凝土出现开裂错位、剥离掉块；线路右侧起拱线以上 2m 左右 I16b 型钢钢架出现扭曲变形；线路左侧拱部初期支护拱墙侵入二次衬砌限界，如图 4-93 所示。

a）

b）

图 4-93　D1K255+760 ～ D1K255+794.5 段初期支护喷射混凝土开裂及钢架扭曲破坏

D1K255+756 ~ D1K255+794.5 段按Ⅳ级围岩支护参数施工，采用两台阶法开挖，监控量测数据显示：拱顶下沉及边墙收敛变形监测速率小于 5mm/d，拱顶下沉累积为 8.35cm，边墙收敛累积小于 2cm，后辅以断面扫描仪扫描初期支护断面，断面数据分析线路左侧初期支护（主要集中在上台阶钢架 A 单元）侵入二次衬砌限界 5 ~ 15cm，根据监控量测数据、隧道断面扫描仪扫描数据以及初期支护的变形破坏形态模拟该段变形破坏特性，如图 4-94 所示。

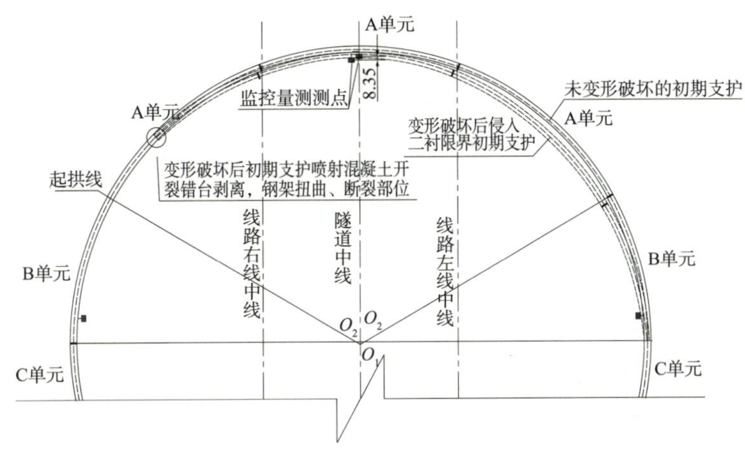

图 4-94 D1K255+794.5 ～ D1K255+756 段初期支护的变形破坏特性示意图（尺寸单位：cm）

2）施工图地质情况

红桥关隧道 D1K255+756 ~ D1K255+794.5 段岩性为三叠系侏倭组（T_3zh）板岩、砂岩夹炭质板岩。

3）现场实际揭示地质情况

经现场核实岩性主要为三叠系上统侏倭组（T_3zh）灰黑色板岩、砂岩夹炭质板岩，岩石强 ~ 弱风化，岩质较软，围岩较破碎，岩层结构面产状 N35°E/46°NW，倾向线路左侧（掌子面右侧），倾角与线路交角约 60°。

4）成因分析

（1）地质构造方面

红桥关隧道 D1K255+756 ~ D1K255+794.5 段开挖揭示的地质构造，掌子面中部为强风化炭质板岩，因受多期地震作用，岩体极为破碎，劈裂化效应极为明显，岩体强度较低；两侧为弱风化砂岩夹炭质板岩，岩体结构完整性较好，岩体强度较高。如图 4-95 所示。

由图 4-95 可知，中部围岩较差且呈“V”字形，两翼围岩较好，地质构造以及地质岩性分界较为明显，围岩地质偏压较为明显，加之围岩有少量裂隙渗水，加剧了洞周中部强风化炭质板岩的恶化，开挖、初期支护施作后，地质偏压引起应力偏压、集中，应力集中于拱部初期支护体系上。

通过该段初期支护的变形破坏特性示意图（图 4-94）和揭示的实际围岩地质构造（图 4-95）可知，钢架扭曲变形、钢架断裂及喷射混凝土开裂错位、剥离掉块严重部位与地质不利构造基本吻合。

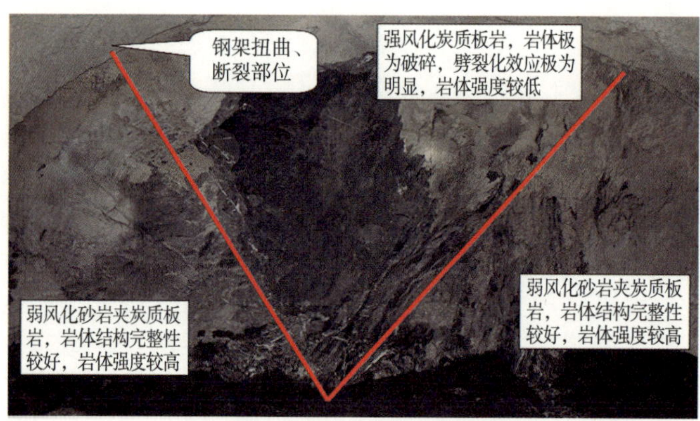

图 4-95　D1K255+756 ～ D1K255+794.5 段掌子面开挖揭示的实际围岩地质构造

（2）地应力方面

红桥关隧道 D1K255+756 ~ D1K255+794.5 段埋深约 325m，岩体的自重应力随着埋深呈线性增长，岩体的自重应力超过了岩体的弹性极限，在初始应力状态下岩体处于弹性状态，开挖后围岩的二次应力分布，应力状态超过了岩体的强度，因岩体少量裂隙渗水恶化，使洞周中部围岩塑性松弛圈进一步扩大且向洞室内“滑移”。

（3）初期支护施工参数方面

红桥关隧道 D1K255+756 ~ D1K255+794.5 段施工中采取Ⅳ级围岩支护参数，钢架采用的是 I16b 型钢，间距 1.2m/ 榀；系统锚杆拱部采用 ϕ22 组合中空锚杆，长度 3.5m ；边墙采用 ϕ22 全长黏结型砂浆锚杆，长度 3.5m ；锚杆间距 1.2 m × 1.2m（环 × 纵）；I16b 型钢钢架承载力偏弱且间距过大，系统锚杆施作长度未达到岩体结构完整、强度较高的岩体中，其支护效果不明显。初期支护体系不足以承载开挖后作用于其上的围岩二次分布应力。

综上分析可知：红桥关隧道 D1K255+756 ~ D1K255+794.5 段因多期地震作用导致围岩极为破碎、岩质较软、地质不利构造导致应力偏压及集中、地下水软化围岩、地应力和初期支护施工参数偏弱等综合不利因素作用下，以围岩松散性变形为主，挤压性变形为辅的变形特性，导致了该段初期支护体系出现钢架扭曲变形、钢架断裂及喷射混凝土开裂错位、剥离掉块等变形破坏。

5）现场处置要点

（1）D1K255+756 ~ D1K255+794.5 段变形破坏后立即加设 I20b 型钢套拱，于既有初期支护钢架间加设，加设间距 1.2m/ 榀，如图 4-96 所示；径向施作 ϕ42 的钢花管注浆加固，长度 5m，钢花管间距 1.2m × 1.0m（纵 × 环）；注浆采用 1∶1水泥净浆，注浆压力为 0.5 ~ 1.0MPa，固结洞周一定范围的破碎岩体，使其具有一定的自承载能力和承载能力，如图 4-97 所示；套拱喷射 C30 混凝土，厚度不小于 15cm。

图 4-96　I20b 工字钢套拱

图 4-97　径向钢花管注浆加固

（2）D1K255+756 ~ D1K255+780 段未施作仰拱段，拆除拱墙既有初期支护；将既有 I16b 型钢拆换为 HW175 型钢钢架且仰拱初期支护钢架成环，间距 0.8m/ 榀。系统锚杆拱部采用 ϕ28 自进式锚杆，长度 4.0m；边墙采用 ϕ28 自进式锚杆，长度 8.0m；锚杆间距 1.2m × 0.8m（环 × 纵）。

（3）对 D1K255+780 ~ D1K255+794.5 段已施作仰拱段，拆除矮边墙以上部分拱墙既有初期支护，将原有 I16b 型钢拆换为 HW175 型钢钢架，间距 1.2m/ 榀。系统锚杆拱部采用 ϕ28 自进式锚杆，长度 4.0m；边墙采用 ϕ28 自进式锚杆，长度 8.0m；锚杆均为间距 1.2m × 1.2m（环 × 纵）。

6）采取措施后的效果

（1）加设套拱加强了初期支护刚度，有效阻止了初期支护体系的进一步变形。

（2）施作径向钢花管注浆加固围岩，固结形成"水泥结石"提高了洞周围岩的残余强度，有效控制了围岩的塑性松动圈的进一步扩大和围岩的松弛变形。

（3）将原有 I16b 型钢钢架拆换为 HW175 型钢钢架，增强了初期支护刚度，尤其是边墙施作的 ϕ28 自进式锚杆，长锚杆将支护体系一起锚入和悬吊于深部稳定岩体中，有效地控制了初期支护体系的变形。

7）集成技术及创新点

（1）初期支护变形破坏后，及时加设套拱，有效阻止了初期支护体系的进一步变形。

（2）径向钢花管注浆加固围岩，固结形成“水泥结石”提高了洞周围岩的残余强度，有效控制了围岩塑性松动圈的进一步扩大和围岩的松弛变形。

（3）边墙施作的长锚杆将支护体系一起锚入和悬吊于深部稳定岩体中，有效控制了初期支护体系的变形。

4.6 本章小结

成兰铁路隧道工程穿越特殊地质构造区段，为了处理不良地质问题和预防工程事故的发生，可从以下 3 个方面着手，保证施工安全、高效进行。

（1）勘察环节

应深入探明工程地质特性、地质构造、围岩性质、渗水情况和地应力分布。在岩溶地区应加深地质勘察工作，对高压富水大断层、深埋富水大型岩溶尽量躲避，不能躲避时，尽量通过物探、钻探查清其分布和特征；充分分析散体结构构造层理产状、岩体抗压强度和弹性模量等物理力学参数，为设计提供依据。

（2）设计环节

对围岩破碎、软岩富水等特殊地质地段，应加强设计支护参数，以确保支护结构的稳定性。优化爆破设计，减少对围岩的扰动，减少超欠挖。在高压富水岩溶地段，隧道衬砌应根据岩溶类型、排水能力等充分考虑围岩侧压力，适当优化支护措施，加强二次衬砌和仰拱结构。

（3）施工环节

进一步加强超前预报工作，探明分析前方围岩、地下水情况，为施工提供有效依据。针对各种构造类问题，通过优化施工顺序，调整采用“微三台阶上部核心土施工工法”施工。引进专业注浆班组，提高破碎围岩注浆效果，有效减少变形。在富水段施工时，通常采用径向注浆堵水和加固围岩、提高钢架强度、采用“长、短”锚杆相结合的施工技术和超前管棚与小导管结合使用的“锚撑一体”“注锚”等综合措施，确保隧道成功穿越特殊地质构造段施工。

平安隧道
L—28427m
榴桐寨隧道
L—16271m
镇江关
龙塘
太平
茂县
金瓶岩隧道
L—12765m
跃龙门隧道
L—19981m
什邡西
杨家坪隧道
L—12822m
三星堆
绵竹南
安县
高川
柿子园隧道
L—14069m

第5章 隧道岩溶、涌突水灾害控制技术典型案例

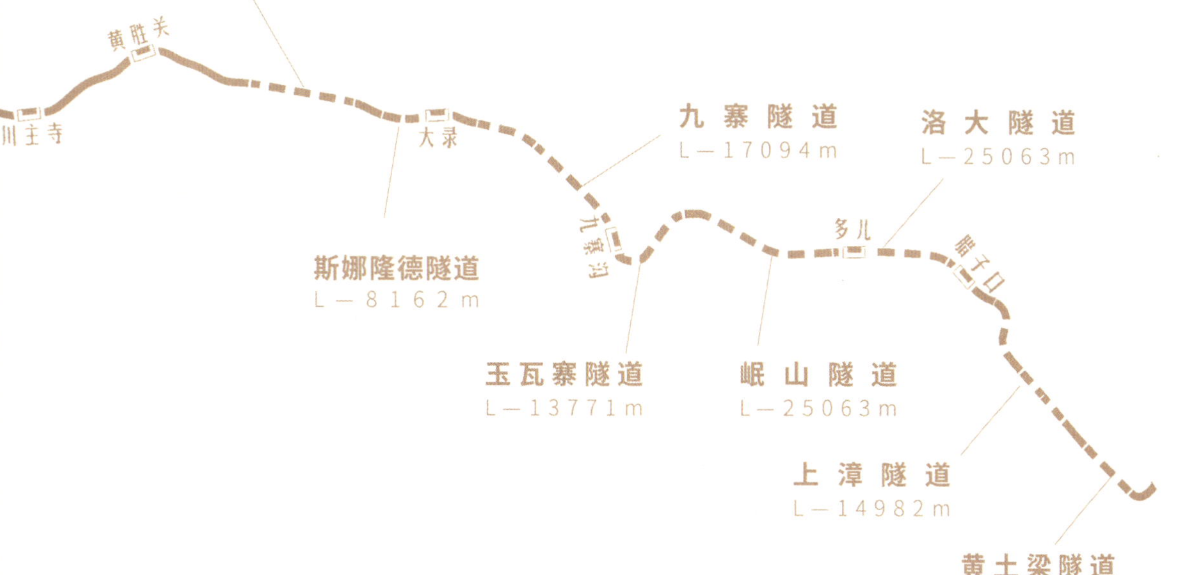

跃龙门隧道

跃龙门隧道主要不良地质及防涌突水灾害控制措施如下所述。

5.1.1 跃龙门隧道 1 号斜井工区（YD2K94+305 ～ YD2K94+315、YD2K94+335 ～ YD2K94+345、YD2K94+355 ～ YD2K94+365 段及跃龙门隧道 9 号横通道）

1）不良地质现象

涌水。

2）施工图地质情况

该段围岩开挖揭示围岩为寒武系清平组（$\in_1 c$）灰岩，节理裂隙发育，岩体较破碎，稳定性较好。岩溶弱发育，地下水较发育。

3）施工揭示地质情况

开挖揭示围岩为石炭系下统总长沟群（$C_1 zn$）灰岩，节理裂隙发育，岩体较破碎，稳定性较好。岩溶弱发育，地下水较发育，呈线状流出，局部呈股状流出。2014 年 12 月，YD2K94+310 拱顶处有一出水点，出水量约为 35m^3/d；YD2K94+340 右拱腰处有一出水点，出水量约为 45m^3/d；YD2K94+360 拱顶处有一出水点，出水量约为 40m^3/d；跃龙门隧道 9 号横通道距左线中线 10 ～ 25m 范围内拱顶大面积渗水，呈线状流出，出水量约为 50m^3/d。

4）产生原因

地下环境复杂多变，目前现有的勘测手段不能完全掌握隧道地质情况，隧道开挖揭示地下水发育，如图 5-1 所示。

5）现场处理措施

YD2K94+305 ～ YD2K94+315 段、YD2K94+335 ～ YD2K94+345 段、YD2K94+355 ～ YD2K94+365 段及跃龙门隧道 9 号横通道 25m 范围内拱部范围采取径向注浆堵水，注浆材料为双液浆 20%、水泥浆 80%，注浆压力为 0.5 ～ 1MPa，如图 5-2 所示。

a）　　b）

c）　　d）

图 5-1　隧道开挖揭示地下水发育

a）　　b）

图 5-2　拱部径向注浆堵水效果

6）取得的效果

在涌水集中地段采取拱部径向注浆堵水措施，隧道拱部线状涌水变为局部滴水，堵水效果明显，大大降低涌（突）水风险，保证了施工安全。

5.1.2 跃龙门隧道 1 号斜井工区（YD2K94+621 ~ YD2K94+701）

1）不良地质现象

涌水。

2）施工图地质情况

该段围岩开挖揭示围岩为寒武系清平组（$\in_1 c$）灰岩，节理裂隙发育，岩体较破碎，稳定性较好。岩溶弱发育，地下水较发育。

3）现场揭示地质情况

围岩为下伏二叠系下统（P_1）灰岩，中厚层状，距离龙门山中央断裂—高川坪活动断层约 165m，受构造影响节理裂隙较发育，围岩较破碎，该段隧道埋深 50 ~ 60m，为下穿睢水河段落；开挖未出现溶蚀现象，掌子面稳定性较好，岩溶弱发育，地下水发育，呈股状流出，水质清澈，与地表睢水河连通性较好，雨后涌水量明显增大，且有浑水涌出。

4）产生原因

隧道下穿睢水河，最浅埋深 40m，且该段地层围岩透水性强，如图 5-3 所示。

a）

b）

图 5-3 隧道开挖后涌水情况

5）现场处理措施

YD2K94+621 ~ D2K94+701 段采用超前周边注浆堵水，每循环注浆长度为 30m，5m 搭接，如图 5-4 所示。

a）

b）

图 5-4 超前周边注浆堵水

6）取得的效果

通过采用多种超前地质预报综合手段揭示，该区段无较大岩溶管道，整体以基岩裂隙水发育为主，在穿越核心区域连续施作三个循环超前周边注浆，利用开挖断面以外的注浆堵水措施将破碎围岩固结，形成超前隔水环，在此条件下顺利通过了该段高富水区域，避免了涌（突）水风险，保证了施工安全。

7）集成技术及创新点

根据现场实际情况，采用“激发极化 TIP”新型超前地质预报方法，针对隧道突水突泥不良地质区段，超前地质预报综合分析技术起到了“综合预报、精确定位、风险判识”的明显效果。

5.1.3 跃龙门隧道 3 号斜井工区（XJ3K1+510 ～ XJ3K1+365）

1）不良地质现象

涌水。

2）施工图地质情况

该段围岩岩性为泥盆系中统观雾山组（D_2gn）炭质页岩、灰质页岩夹灰岩，以软质岩为主；灰岩夹炭质页岩，软硬相间；岩体破碎，节理发育；掌子面稳定性较差，地下水发育。

3）现场揭示地质情况

该段围岩岩性为泥盆系中统观雾山组（D_2gn）炭质页岩、灰质页岩夹灰岩，粉砂岩，层间夹有炭质页岩，软硬相间，以软质岩为主；岩体破碎，节理发育；掌子面稳定性较差，地下水发育，为基岩裂隙水，2014 年 5 月，当开挖（超前钻探）揭穿软质岩层的相对隔水层时，有大量地下水涌出。

掌子面 XJ3K1+485 处超前地质预报钻孔揭示 XJ3K1+456、XJ3K1+446、XJ3K1+436、XJ3K1+431 段发育较大裂隙，如图 5-5 所示，大量地下水赋存于裂隙，沿超前钻孔涌出，外喷 2 ~ 3m，水质清澈。涌水量约 5520m^3/d。

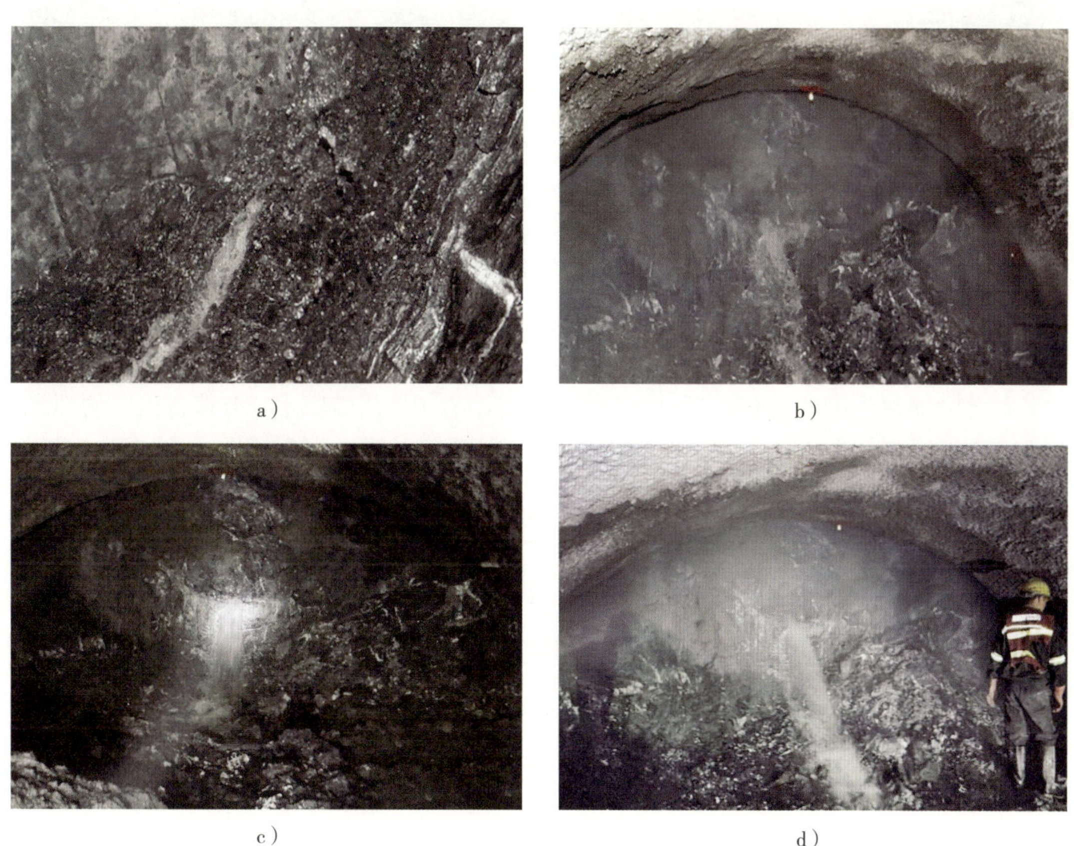

a）　b）　c）　d）

图 5-5　跃龙门隧道 3 号斜井 XJ3K1+510 ～ XJ3K1+365 段涌水情况

4）产生原因

节理裂隙发育，属可溶岩发育段。

5）现场处置要点

跃龙门隧道 3 号斜井工区 XJ3K1+510 ~ XJ3K1+365 段采用径向注浆堵水措施，如图 5-6 所示。

6）采取措施后的效果

涌水地段通过采取径向注浆堵水措施，封堵围岩裂隙，隔绝了地下水流径，改善围岩条件，减弱了地下水影响，规避了涌（突）水风险，保证了施工安全。

a）

b）

图 5-6　XJ3K1+510 ～ XJ3K1+365 段注浆堵水处理

7）集成技术及创新点

结合径向注浆堵水技术措施，首次提出了可溶岩中围岩裂隙水“分段截流”的理念，且在注浆堵水钻孔布置方面采取了新颖的“引流封堵”布置方式；同时配合亲水性良好的新型堵水材料与水泥浆进行双液堵水，操作简单、方便快捷且成本较低，取得了很好的经济效益，保证了施工安全。

5.1.4　跃龙门隧道 3 号斜井工区（XJ3K1+315 ～ XJ3K1+360、XJ3K1+ 270 ～ XJ3K1+290）

1）不良地质现象

涌水。

2）施工图地质情况

该段围岩岩性为泥盆系中统观雾山组（D_2gn）灰岩、灰岩夹炭质页岩，软硬相间；岩体破碎，节理发育；掌子面稳定性较差，地下水发育。

3）现场揭示地质情况

2014 年 9 月，XJ3K1+315 ～ XJ3K1+360、XJ3K1+270 ～ XJ3K1+290 段围岩为泥盆系中统观雾山组（D_2gn）灰岩夹炭质页岩，节理裂隙发育，岩体极破碎，地下水发育，沿节理呈股状流出，局部呈线状流出。雨后出水量明显增大。

XJ3K1+355 ～ XJ3K1+350 段拱部及边墙均有裂隙出水，XJ3K1+345 ～ XJ3K1+310 段左侧边墙及左拱部有水沿节理面涌出。XJ3K1+270 ～ XJ3K1+290 段围岩为泥盆系中统观雾山组（D_2gn）灰岩夹炭质页岩，节理裂隙发育，岩体极破碎，地下水发育，

XJ3K1+285 ~ XJ3K1+275 段拱部及边墙处沿节理呈股状流出，局部呈线状流出。

4）产生原因

节理裂隙发育，属可溶岩发育段，如图 5-7 所示。

a） b） c） d）

图 5-7 隧道 3 号斜井工区 XJ3K1+315 ～ XJ3K1+360 段涌水情况

5）现场处置要点

XJ3K1+270 ~ XJ3K1+290 段、XJ3K1+350 ~ XJ3K1+360 段拱墙采用径向注浆堵水，XJ3K1+315 ~ XJ3K1+350 段左侧拱墙采用径向注浆堵水，如图 5-8 所示。

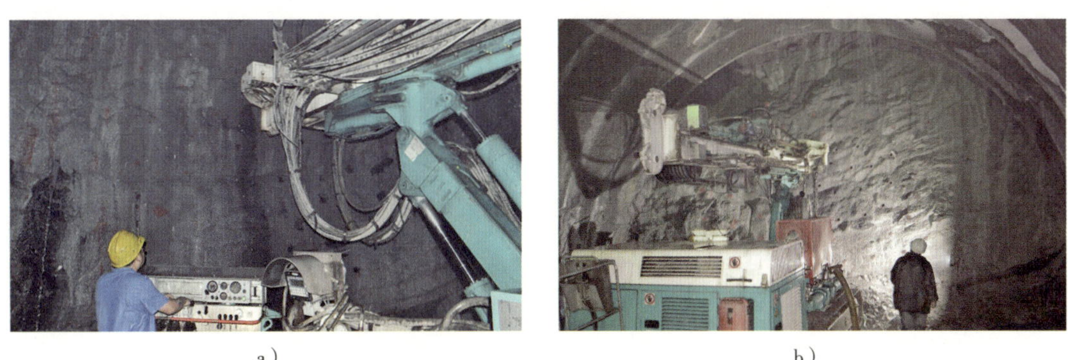

a） b）

图 5-8 隧道 3 号斜井工区 XJ3K1+270 ～ XJ3K1+290 段径向注浆堵水

6）采取措施后的效果

通过采取径向注浆堵水，封堵围岩裂隙，隔绝了地下水流径，减弱了地下水的影响，改善围岩地质条件，规避了涌（突）水风险，保证了施工安全。

7）集成技术及创新点

针对可溶岩中不同裂隙水发育情况，创新性地采用了“先分流后关门”的注浆顺序，同时配合专业注浆新材料的使用，过程中做好配合比控制，结合高压灌注机进行注浆，效果极其显著，施工快捷方便。

5.2 柿子园隧道

柿子园隧道防涌突水灾害控制措施如下所述。

5.2.1 柿子园隧道 4 号横洞工区（D3K86+062 ～ D3K85+935）

1）不良地质现象

隧道多处涌水，最大涌水量约 $2.88 \times 10^4 m^3/d$。

2）施工图地质情况

柿子园隧道 D3K86+062 ～ D3K85+935 段围岩岩性为三叠系下统飞仙关组和铜街子组（T_1f+t）泥岩、砂岩、白云质灰岩。

3）现场揭示地质情况

围岩岩性为三叠系下统飞仙关组和铜街子（T_1f+t）泥岩夹砂岩，软硬相间，薄层状，发育多组节理，岩体破碎；地下水较发育，掌子面在泥岩段在饱水状态下软化严重，稳定性差，极易发生溜坍；砂岩段地下水涌出量较大。

4）产生原因

该段砂岩与千枚岩过渡段，地下水丰富，如图 5-9 所示。

a）

b）

图 5-9 掌子面多处涌水

5）现场处置要点

（1）D3K86+062 ~ D3K85+935 段采用注浆堵水措施，加强衬砌支护措施，采用全环I20b 型钢钢架，间距为 0.6m/ 榀。

（2）D3K86+035 ~ D3K86+020 软弱围岩地段拱部设置“ϕ108 大管棚 +ϕ42 大叉角小导管”超前支护。

（3）D2K85+980 ~ D2K85+970 段因涌水引起围岩软化形成溜坍处地段拱部左侧设ϕ89 超前中管棚、拱部右侧设 ϕ42 超前小导管支护。

（4）D3K86+062 ~ D3K86+035 段、D2K85+980 ~ D2K85+970 段环向盲管加密，间距3m/ 环。

6）采取措施后的效果

在加强隧道衬砌支护和超前支护的前提下，采取注浆堵水措施后，软弱围岩予以加固，地下水得到封堵，为施工安全和规避涌突水风险提供了保障。

5.2.2 柿子园隧道 3 号横洞工区（D3K84+410 ~ D3K84+432）

1）不良地质现象

岩溶发育。

2）施工图地质情况

围岩为灰岩，具备发育溶洞的条件，在地下水的长期作用下，灰岩发生溶蚀，形成了溶洞。

3）现场实际揭示地质情况

2016 年 1 月，D3K84+417 ~ D3K84+430 段断面中线右侧 1.5m 处发育一处溶洞，超出开挖轮廓线外 2 ~ 3m，沿隧道大里程方向延伸至 D3K84+430 处结束，充填泥质，硬塑状，黏性强，未见有流水痕迹；D3K84+417 ~ D3K84+430 段左侧边墙上台阶 3m 范围内有一溶蚀破碎带，影响范围超出开挖轮廓线 1 ~ 2m，沿隧道大里程方向延伸至 D3K84+430处结束，溶蚀裂隙发育，大量硬塑土质充填，无流水痕迹。揭示围岩为二叠系上统（P_2）灰岩，岩质较硬，薄层状，岩层产状较平缓，节理裂隙较发育，含较多泥质软弱夹层，地下水弱发育，呈潮湿状，为Ⅳ级围岩，稳定性一般，如图 5-10 所示。

4）现场处置要点

（1）加强本段排水措施，D3K84+417 ~ D3K84+430 段右拱腰设置 ϕ100 排水管，间距 3m，引至隧道侧沟，环向盲管加密，间距 3 ~ 5m/ 环。

（2）采用抗水压衬砌。

a) b) c) d) e) f)

图 5-10 柿子园隧道 3 号横洞工区洞内初期支护表面涌水

(3) 增加泄水洞。

5) 采取措施后的效果

通过设置泄水洞和隧道涌水处设置排水管、加密环向盲管等措施加强隧道排水能力，尽可能减弱地下水对隧道的不利影响，并通过隧道采用抗水压衬砌结构，提高结构安全性，降低了涌突水风险，安全施工和线路运营安全得到保障。

5.2.3 柿子园隧道 5 号横洞工区（HD5K0+286）

1) 不良地质现象

岩溶。

2) 施工图地质情况

泥盆系上统唐王寨组（D_3tn）白云质灰岩，岩体较破碎，岩质坚硬，构造发育，存在软弱夹层，围岩稳定性一般。

3）现场揭示地质情况

柿子园隧道5号横洞HD5K0+286处掌子面揭示为泥盆系上统唐王寨组（D_3tn）白云质灰岩，岩体较破碎，岩质坚硬，构造发育，存在软弱夹层，围岩稳定性一般，如图5-11所示。2014年4月，现场揭示围岩级别为Ⅳ级，与设计相符。掌子面左下侧有一溶洞，长7.5m、宽5.2m、高3.7m，局部滴水，无填充物；溶洞内面左侧溶蚀现象清晰。

图5-11　柿子园隧道5号横洞工区HD5K0+286溶洞

4）产生原因

该段属于龙门山中央北川—映秀断裂，节理裂隙发育，属可溶岩发育段。

5）现场处置要点

（1）采取混凝土封堵空溶洞，并预留排水管。

（2）加强本段隧道排水措施。

6）采取措施后的效果

根据溶洞类型和影响程度，将揭示的空溶洞采用混凝土回填密实，并预留排水管，有效地解决了岩溶水的封堵和排放问题，确保了衬砌背后密实无空洞，保证了结构安全。

5.2.4 柿子园隧道5号横洞工区（左线D2K90+156，右线YD2K90+053～YD2K90+068）

1）不良地质现象

岩溶。

2）施工图地质情况

位于龙门山中央断裂——北川—映秀断层，上盘为石炭系下统总长沟群（C_1zn）灰色～灰白色石灰岩夹紫红色砂页岩与泥盆系上统唐王寨群（D_3tn）浅灰色～棕灰色、薄～厚层状的白云岩夹数层白云质灰岩的分界线范围内。下盘为石炭系下统（C_1zn）石灰岩夹紫红色砂泥岩。断层表现为节理密集段，岩体破碎，岩溶弱发育，地下水弱发育。

3）现场揭示地质情况

2015 年 6 月，左线 D2K90+156 右上拱腰揭示一管状溶洞，左侧延伸 20m，右侧延伸 30m。右线 YD2K90+058 揭示，掌子面上台阶左拱脚至右拱腰沿节理面有一三角状溶缝，溶洞左侧高约 0.6m，右侧高约 0.2m，长约 5m，沿洞身方向深约 1m。YD2K90+063 揭示，左下拱腰处有一溶洞，溶洞洞径约 1m，沿拱腰向隧底左下方延伸至开挖轮廓线外约 2m 后消失；YD2K90+065 揭示，左拱腰靠拱顶处有一溶洞，溶洞洞径约 1.5m，沿拱腰向拱顶右上方延伸至开挖轮廓线外约 3m 后消失。YD2K90+068 揭示，掌子面上台阶中下部有一溶洞，溶洞高约 0.7m，长约 3m，深约 15m，斜向大里程下方延伸约 15m；左边墙处有一溶洞，溶洞高约 1m，长约 1.5m，深约 5m，沿边墙向左下方开挖轮廓线外延伸，如图 5-12 所示。

a）YD2K90+058 揭示溶洞

b）YD2K90+053 揭示溶洞

c）YD2K90+068 揭示溶洞

d）YD2K90+063 揭示溶洞

图 5-12　隧道 5 号横洞工区 YD2K90+053 ～ YD2K90+068 溶洞发育

4）产生原因

该段属于龙门山中央北川—映秀断裂，节理裂隙发育，属可溶岩发育段。

5）主要处置要点

（1）加强本段排水措施，设置 ϕ100 排水管，间距 3m，引至隧道侧沟；环向盲管加密，间距 3 ~ 5m/ 环。

（2）采用抗水压衬砌。

（3）增设泄水洞。

6）采取措施后的效果

通过设置泄水洞和隧道涌水处设置排水管、加密环向盲管等措施加强隧道排水能力，尽可能减弱地下水对隧道的不利影响，并通过隧道采用抗水压衬砌结构，提高结构安全性，降低了涌突水、泥风险，安全施工和线路运营安全得到保障。

5.2.5 柿子园隧道 1 号横洞工区

1）不良地质现象

浅埋，岩溶。

2）施工图地质情况

本段围岩为三叠系中统嘉陵江组和雷口坡组（T_2j+l）灰岩夹白云质灰岩，节理裂隙较发育，地下水发育，对应地面为一冲沟沟心，冲沟地表分布一层较厚的坡崩积（Q_4^{dl+col}）碎块石土，为汇水的地形。

3）现场实际揭示地质情况

揭示围岩为三叠系中统嘉陵江组和雷口坡组（T_2j+l）灰岩夹白云质灰岩，节理裂隙较发育，有渗水现象，为Ⅴ级围岩，稳定性差。2013 年 9 月 29 日，发生突水突泥，涌出至洞口，掌子面两榀初期支护钢架掉落，如图 5-13 所示。

a）洞内突水突泥

b）地表塌陷

图 5-13　突水突泥灾害

4）现场处置要点

（1）对地表进行水系调查，查明地表水流动特征后，对陷坑周围实行截水、排水措施，防止地表水流入陷坑内。

（2）洞内采用 ϕ42 小导管注浆固结。

（3）掌子面前方采用 ϕ108 大管棚（套管跟进）注浆加固，环向间距 40cm，单根长度 25m。

（4）HD1K0+234 ～ HD1K0+219 段由原设计Ⅳ级围岩调整为Ⅴ级围岩，采用台阶法 + 临时横撑法施工，拱墙采用 I16 型钢钢架加强支护，间距 0.6m/ 榀。

（5）HD1K0+249 ～ HD1K0+219 段采用抗水压模筑衬砌，如图 5-14 所示。

图 5-14　采用抗水压衬砌

（6）待洞内处理完成后，地表陷坑坑壁挂网喷锚，坑底采用 C20 混凝土（厚 2m）封底，并预埋 ϕ114 孔口管，采用 ϕ89 钢花管对洞顶上方岩溶通道注浆，注浆完成后用原状土回填陷坑。

5）采取措施后的效果

通过注浆固结隧道周边围岩和超前注浆加固掌子面前方围岩，封堵地下水流经，提高围岩的自稳能力，创造安全的施工作业环境，加强隧道衬砌支护措施，提高隧道结构安全性，保证施工安全和运营安全，同时加强地表排水措施，注浆封堵、混凝土回填地表陷坑，防止地表水下渗，减小水对隧道的影响，安全处理了突水突泥地质灾害，未造成人员伤亡，将损失减少到最低。

6）控制关键

在突水突泥、围岩破碎、松散地段，采取注浆加固围岩措施，关键在于保证注浆效果，采用的大管棚跟管钻进技术，保证了大管棚成孔质量，达到了注浆的预期效果，为有效处理突水突泥不良地质灾害提供了保障。

5.3 平安隧道

平安隧道2号横洞工区（YD8K158+700.4 ~ YD8K158+712.3、D8K158+883 ~ D8K158+894.9）隧底涌水处置措施如下所述。

1）不良地质现象

隧底涌水。

2）施工图地质情况

三叠系上统侏倭组砂岩夹千枚岩、灰岩、砾岩（T_3zh），该段埋深：左线1060 ~ 1071m、右线1236 ~ 1245m，围岩级别为Ⅲ级，采用Ⅲ级围岩复合式衬砌类型。

3）施工揭示情况

砂岩、灰岩，岩体破碎，裂隙发育地下水较发育。2015年5月，YD8K158+700.4 ~ YD8K158+712.3、D8K158+883 ~ D8K158+894.9段隧底出现涌水。

4）成因分析

该段隧道埋深大，节理裂隙发育，地下裂隙水发育、开挖后改变了水体运行环境，导致大量涌水，如图5-15所示。

a）拱脚出水

b）隧底冒水

图5-15 隧道拱脚、隧底涌水

5）现场处置要点：

（1）YD8K158+700.4 ~ YD8K158+712.3、D8K158+883 ~ D8K158+894.9段隧底喷射

8cm 厚的 C30 耐腐蚀混凝土。

（2）采用单液浆对隧底裂隙水进行注浆封堵，如图 5-16 所示。

a）

b）

图 5-16　隧底注浆封堵地下水

6）采取措施后的效果

通过早强喷射混凝土封闭涌水岩面、注浆封堵隧底裂隙水等措施，迅速遏制隧底涌水，避免隧底围岩状况进一步恶化，地下水得到快速、有效封堵，处治效果好，工程费用低，保证了施工安全和工程质量。

5.4 茂县隧道

茂县隧道1号斜井工区（平导PD2K128+145 ~ PD2K128+260）岩性接触带涌水处置措施如下所述。

1）不良地质现象

岩性接触带涌水。

2）施工图地质情况

该段岩性主要为奥陶系大理岩。洞身穿越茂汶断裂、牟托十里铺背斜。最大涌水量约27000m^3/d，涌水位置边墙、拱部范围多处出水。受区域构造带影响，该段内岩体破碎，节理裂隙发育。地下水以基岩裂隙水、构造裂隙水、岩溶水为主，水量丰富。茂县隧道辅助坑道一号斜井掘进完毕进入1号平导，围岩由炭质千枚岩转为大理岩，千枚岩不透水性强，为相对的隔水层；大理岩地段内裂隙丰富，水量丰沛，压力较大。

3）施工揭示地质情况

现场开挖揭示围岩为奥陶系（O）大理岩，细粒变晶结构，中厚层状构造，受茂汶活动断裂带影响节理裂隙较发育，岩质硬，岩体较破碎，地质判识为Ⅳ级围岩，岩体破碎，围岩稳定性较差；拱部及拱腰基岩裂隙水较发育，基岩裂隙水以滴状水为主，局部线状，局部呈股状涌出灰白色。对应先行洞一号平导PD2K128+275 ~ PD2K128+300段涌水量为1.3×10^4 ~ $1.82\times10^4m^3$/d，现场实测水压为0.25MP，如图5-17 ~图5-19所示。

4）现场处置要点

（1）采用成兰试验专题阶段性成果“激发极化TIP”进行定性定位估量超前预测掌子面前方富水情况，为设计、施工提供支撑，如图5-20所示。

（2）采用全环径向注浆堵水，如图5-21所示。注浆材料采用水泥浆或者水泥—水玻璃双液浆，根据出水点水量大小确定采用双液浆，注浆结束控制标准为开挖后每延米涌水量不大于1.5m^3/d，如图5-22所示。

5）采取措施后的效果

通过采用径向注浆堵水，大大降低了成洞段落的出水量，改善了工程施工条件。结

图 5-17　茂县隧道平导掌子面涌水

图 5-18　超前地质预报加深炮孔涌水

图 5-19　超前地质预报超前水平钻孔涌水

图 5-20　应用“激发极化 TIP”超前探水

图 5-21　隧道边墙径向注浆堵水

图 5-22　径向注浆堵水后渗水情况

合“以堵为主、限量排放”的隧道防排水措施，降低了围岩的渗透性，提高其抗渗能力，减少地下水的渗流量，降低对衬砌造成水压的风险，实现涌水的控制排放，保证了富水隧道的施工顺利推进。径向注浆前、后涌水情况如图 5-23 所示。

a）注浆前线状涌水

b）注浆后少量渗水

图 5-23　径向注浆堵水前、后涌水对比

6）集成技术及创新点

基于茂县隧道水文地质条件和涌水量进行了定量分析，总结出大理岩、灰岩、硅质岩等富水段落径向注浆工艺、控制标准等。

5.5 杨家坪隧道

杨家坪隧道出口工区（DK123+673 ~ DK123+625）涌水突泥处置措施如下所述。

1）不良地质现象

软岩隧道水石流。

2）施工图地质情况

炭质千枚岩、千枚岩，围岩极破碎 ~ 破碎，节理裂隙极发育。

3）开挖揭示地质情况

绿泥石千枚岩，浅绿色，泥质结构，千枚状构造，节理裂隙发育，左侧夹有条带状石英脉，围岩受区域构造影响扭曲较严重，岩体破碎呈破裂状为主，局部呈块状，拱顶局部渗水现象，围岩遇水易软化，稳定性差，2015 年 11 月，DK123+673 ~ DK123+625 段出现水石流，如图 5-24 所示。

图 5-24　杨家坪隧道掌子面水石流

4）成因分析

围岩为千枚岩，极为破碎软弱，节理极其发育，富水，围岩遇水软化形成水石流涌出。

5）现场处置要点

（1）及时调整工法，由三台阶工法调整为 CD 工法。

（2）采用C25混凝土对溜坍体表面进行封闭，喷射50cm厚混凝土，上台阶掌子面喷射2m厚混凝土进行封闭，上台阶掌子面2处集中出水点设置排水孔，孔内预埋3m长ϕ100PVC管集中引排掌子面前方地下水，如图5-25所示。

（3）采用ϕ42钢化管注浆加固上台阶及中台阶溜坍体，注浆管间距1m×1m，注浆锁扣管采用PVC管，加固深度至原始台阶面下50cm。

（4）掌子面布置8个超前钻孔，孔间距为60m，每孔取芯分析。

（5）上台阶掌子面左右两侧导坑布置2个TSP物探探孔，孔深为120m，探明前方围岩情况。

（6）采用红外线探测方法探测掌子面前方裂隙水发育情况。

（7）采用地质雷达探测方法探测掌子面前方破碎围岩情况及空腔范围。

（8）DK123+663处中台阶设置C30混凝土止浆墙，墙底厚3m，墙顶厚度不小于2m，止浆墙内预埋孔口管。

（9）止浆墙采用2排ϕ22砂浆锚杆与周边围岩进行连接，锚杆环向间距1.2m，锚杆长4m，止浆墙内长度1m。

（10）先清除溜坍体，止浆墙基础置于在基岩上，采用ϕ42钢花管对中台阶围岩进行加固，钢花管间距2.0m×1.0m，钢花管长4.5m，如图5-26所示。

图5-25　掌子面溜坍体加固

图5-26　超前帷幕注浆和隧底加固注浆

6）采取措施后的效果

通过综合超前地质预报手段，查清了掌子面前方地下水情况；针对地下水及围岩情况，采取超前帷幕注浆、围岩注浆加固等措施，封堵地下水，改善围岩条件，提高其稳定性，有效地控制了突水突泥，及时地治理了突水突泥，施工安全条件得到改善，使施工工程安全和质量得到保障。

5.6 本章小结

通过成兰铁路多座富水隧道的风险整治，积累了丰富的经验，总结富水隧道涌水、突水突泥、突石灾害等防治技术，主要有以下 3 个方面：

(1) 勘察阶段

应通过多种方式收集、整理、分析既有地质水文资料，查明岩溶水文地质、地质构造、地层岩性、岩溶发育与岩性、地质构造的关系；查明地下水分布特征，以及地下水补给，径流及排泄情况；明确岩溶水与地表水的联系、岩溶水的垂直分布带与隧道设置的关系。

(2) 设计阶段

综合岩溶类型、规模、富水程度、充填性质、与隧道空间关系等因素，对风险评估、超前地质预报、辅助坑道设计、岩溶及岩溶水处理、注浆加固、支护结构体系、施工方法、防排水、监测等内容因地制宜地进行动态设计，做到及时调整，能迅速应对突发事故。

(3) 施工阶段

严格实施超前地质预报是关键，地质勘查以勘察阶段的地质调查为基础，以超前地质预报为主体，采用多种物探方法并结合超前钻探，形成对探区的“长—短结合”(TSP100 ~ 150m，瞬变电磁 50 ~ 100m 与地质雷达、隧道激发极化 30m 探测)，“区域—精细化结合”(瞬变电磁、地质雷达富水区域二维探测与激发极化三维定位估量探测结合)，“靶向性钻孔验证”(结合综合预报精细探查结果，针对性选取钻孔，验证综合预报结论并指导隧道带水作业与治理) 的综合预报方法。

平安隧道
L—28427m
榴桐寨隧道
L—16271m
镇江关
龙塘
太平
云屯堡隧
L—2292
金瓶岩隧道
L—12765m
茂县
跃龙门隧道
L—19981m
什邡西
杨家坪隧道
L—12822m
三星堆
绵竹南
安县
高川
柿子园隧道
L—14069m

第6章

隧道有毒有害气体控制技术 典型案例

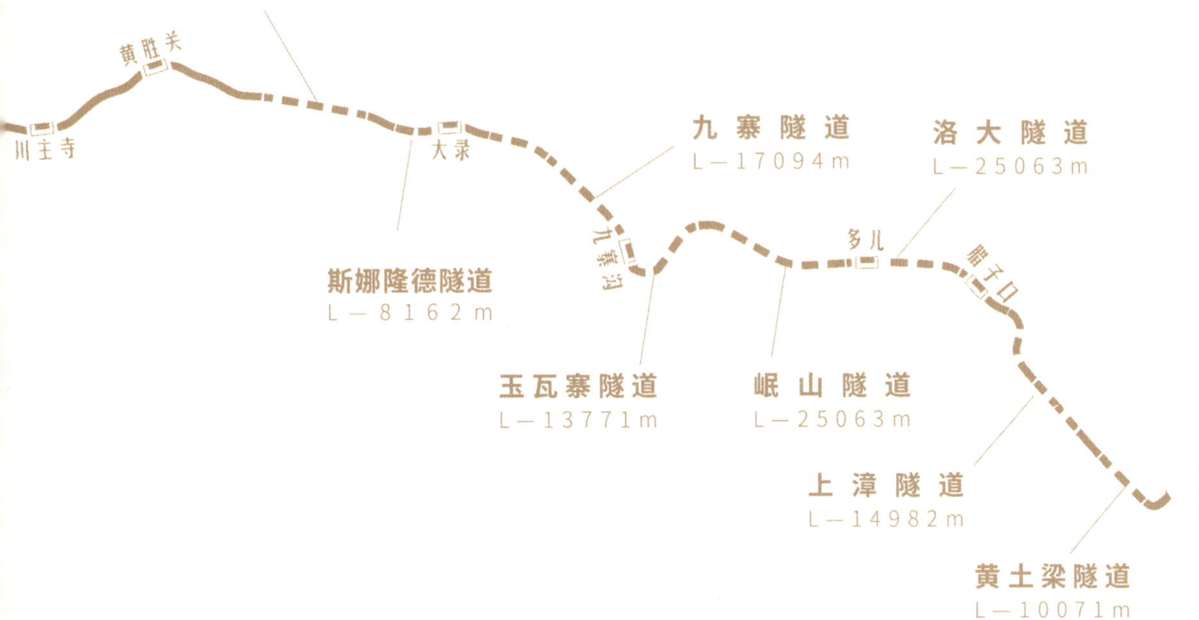

6.1 跃龙门隧道

跃龙门隧道不良地质及处置要点如下所述。

6.1.1 跃龙门隧道 1 号斜井工区（YD2K95+515 ～ YD2K95+620）

1）不良地质现象

隧道内瓦斯气体溢出（最大浓度 0.7%）。

2）施工图地质情况

泥盆系中统观雾山组（D_2gn）灰岩，灰黑色，富含有机质，夹有煤线，岩质硬，中 ~ 薄层状，岩体较破碎，发育多组节理。掌子面稳定性一般，地下水弱发育，呈滴水状。

3）现场揭示地质情况

根据超前地质综合分析成果报告及现场开挖揭示情况，跃龙门隧道 YD2K95+545 ~ YD2K95+575 段围岩为泥盆系中统观雾山组（D_2gn）灰岩，岩质较硬，薄层状，岩体较破碎，发育多组节理。掌子面拱部掉块严重，地下水弱发育，呈滴水状。综合判释为Ⅴ级围岩。

2016 年 10 月，隧道出渣完毕后 YD2K95+547 处左边墙发现一宏观特征明显的张剪性裂隙（缝），裂隙规格 30cm × 40cm，深度较浅，沿围岩节理向左拱腰发育，发育约 1m 后消失。裂隙（缝）揭示时有股状水流出，约 1h 水泄完，总涌水量约 800m^3；裂隙两侧无黏土伴生，无溶蚀现象。

在裂隙处水量涌完后，有气体伴随产生，气体中含有甲烷（CH_4），浓度为 0.02% ~ 0.07%；同时 YD2K95+535 ~ YD2K95+547 段底板积水洼处有少量气泡涌出，气泡位置分布与裂隙走向基本相同，在气泡破裂处测得瓦斯浓度为 0.01% ~ 0.02%，距离气泡破裂上方约 1.5m 处未检出瓦斯；总回风巷检测瓦斯溢出量基本为零，如图 6-1、图 6-2 所示。

4）产生原因

含炭质页岩或炭质千枚岩，局部可能产生瓦斯等有害气体聚集。

5）现场处置要点

（1）立即调整施工组织，将 YD2K95+515 ~ YD2K95+620 调整为瓦斯设防段，该工区按照瓦斯隧道进行升级管理。

(2) 初期支护喷射混凝土厚度调整至25cm，作为第一道防线，衬砌厚度不小于40cm。

(3) 全环设置防水板，二次衬砌混凝土掺加气密剂，施工缝做气密处理。

(4) 加强通风。

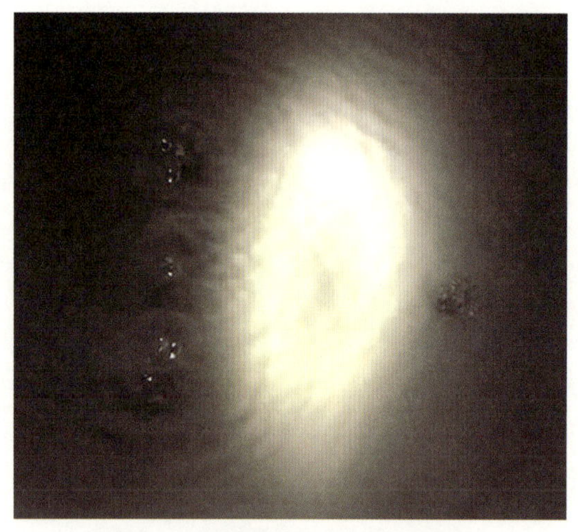

图6-1 隧道集水坑内气泡影像

图6-2 隧道围岩影像

6) 采取措施后的效果

通过设置瓦斯隔离板、衬砌混凝土掺加气密剂、施工缝气密处理、调整初期支护喷混凝土厚度和衬砌厚度等瓦斯防治措施，确保了瓦斯隧道施工安全。

6.1.2 跃龙门隧道3号斜井工区

1) 不良地质现象

隧道内出现瓦斯(2017年12月27日，掌子面锚杆作业时检测有瓦斯气体溢出，浓度超过10%)。

2) 施工图地质情况

本段隧道地层岩性有志留系中上统茂县群($S_{2-3}mx^1$)千枚岩、炭质千枚岩夹灰岩；志留系下统龙马溪群(S_1ln)黑色炭质板岩与薄层硅质岩互层；奥陶系中统宝塔组(O_2b)泥灰岩、结晶灰岩；寒武系下统清平组($\in_1c$)粉砂岩、磷灰岩；震旦系下统邱家河组(Zbq)硅质岩、页岩、炭质页岩夹灰岩、白云岩；以及辉绿岩($\beta\mu$)岩脉等。其中志留系中上统茂县群($S_{2-3}mx^1$)、下统龙马溪群(S_1ln)、震旦系下统邱家河组(Zbq)为含碳地层，施工开挖中存在有害气体涌出风险。

3）现场揭示地质情况

本段隧道埋深 730 ~ 1100m，开挖揭示岩性为震旦系下统邱家河组（*Zbq*）炭质板岩夹页岩，岩质较软，以及辉绿岩（β*μ*）岩脉。

2017 年 12 月 27 日中午 12 时 40 分，掌子面锚杆作业时检测有瓦斯气体溢出，浓度超过 10%，现场立即停工撤离人员并加强了通风处理。

2018 年 1 月 8 日施工单位按照设计单位提供的监测方案，在跃龙门隧道 3 号斜井工区安装完成了瓦斯自动监测系统。根据总回风巷（XJ3K1+300）2018 年 1 月 9 日—2018 年 2 月 5 日的监测结果，全工区瓦斯溢出量为 3.0 ~ 6.0m^3/min，如图 6-3 所示。

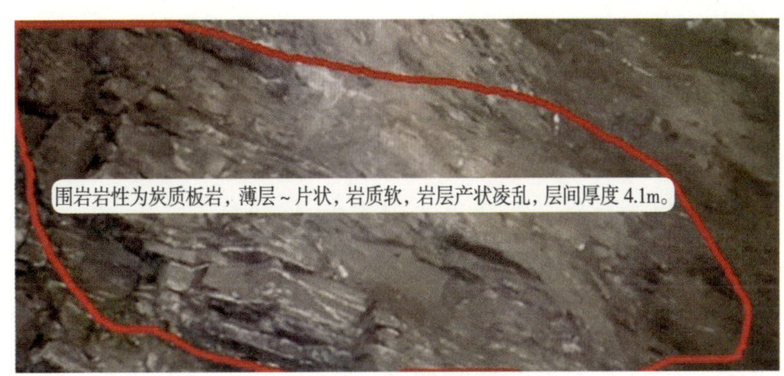

图 6-3　现场围岩揭示情况

4）产生原因

施工阶段瓦斯溢出段隧道埋深 730 ~ 1100m，开挖揭示岩性为震旦系下统邱家河组（*Zbq*）炭质板岩夹页岩，岩质较软，以及辉绿岩（β*μ*）岩脉，为含炭岩层，直接导致隧道施工中出现瓦斯溢出现象。

5）现场处置要点

（1）根据瓦斯逸出浓度显示，立即停止该工区作业，升级管理，全工区按照高瓦斯隧道工区管理。

（2）对电气、机械设备及通风系统进行防爆型改装。

（3）根据瓦斯监测结果及时调整相应工程措施，并研究后期平导瓦斯安全控制措施。

（4）设专人进行瓦斯监测，洞口设专人负责门禁管理。

6）采取措施后的效果

跃龙门隧道 3 号斜井工区采用具备瓦斯超限报警和通风自动控制功能的自动监测系统，3 号斜井隧道出口自动瓦斯监测系统由 1 台主控计算机、7 台洞内分站、40 台低浓度瓦斯传感器、17 台风速传感器、6 台远程断电仪、1 台报警器、1 套设备电源和 1 套备用电源组成。

瓦斯监测采取人工和自动相结合的监测方案，两者监测的数值相印证，避免了误报现象。

加强过程管控，瓦斯监控洞口设置2个专人负责门禁管理，洞口瓦斯有专人负责监控系统，洞内有4名瓦斯检测员负责瓦斯检测；动火严格审批；严格地执行超标撤人。全方位、高标准的把工区瓦斯管理体系和监控体系管控措施落到实处，保证了施工安全，同时避免了安全事故的发生。

瓦斯隧道施工过程中在满足施工通风需要的前提下，根据施工进展情况及时对隧道通风分阶段优化，形成了一套经过实际验证的有毒有害气体隧道施工通风技术与管理体系。

6.1.3 跃龙门隧道3号横洞、2号斜井工区

1）不良地质现象

特长分修隧道高瓦斯硫化氢多洞平行施工。

2）施工图地质情况

千枚岩、炭质千枚岩、页岩、炭质页岩夹灰岩、辉绿岩。

3）开挖揭示地质情况

开挖揭示围岩主要为炭质千枚岩为主，夹炭质板岩，灰黑色，薄层状构造，岩体较软，节理裂隙较发育，有硫化氢和瓦斯气体溢出。

4）成因分析

（1）围岩硫化氢的成因是微生物硫酸盐还原（BSR）和硫酸盐热化学还原（TSR）及岩浆三者耦合叠加共同作用，在极为复杂的构造条件下沿着裂隙上升并和地下水相伴而行，其中深大断裂构造对硫化氢气体在地壳浅层重新分布起着控制作用，裂隙网络及地下水运移直接控制硫化氢气体分布段落及浓度。

（2）含炭质页岩或炭质千枚岩，局部可能产生瓦斯等有害气体聚集，如图6-4、图6-5所示。

图6-4　跃龙门隧道3号横洞洞口

图6-5　掌子面围岩情况

5）现场处置要点

（1）安装了硫化氢、瓦斯自动监测系统；成立专业有毒有害气体监控小组，如图 6-6 所示。

a）

b）

图 6-6　检查显示气体浓度超标

（2）按“以堵为主、余量专排、治水防气、安全可控”的整治理念进行治理，引进专业注浆班组，加强注浆堵气。

（3）配置了超大功率的通风机组，在巷道、横通道、转弯处增设射流风机，确保洞内空气循环速度，加快洞内有毒有害气体的排出，连续 24h 不间断通风，加强通风，如图 6-7、图 6-8 所示。

（4）设置通风副洞，采用风箱接力的方式进行通风，如图 6-9、图 6-10 所示。

图 6-7　大功率设备压入式通风

图 6-8　隔离风道通风

图 6-9　增加副洞通风后横洞作为排烟道

图 6-10　大风箱通风

(5) 风道由单车道局部调整为双车道，41 号、75 号联络通道位置进行了调整，提高通风效能。

(6) 稀释中和降低硫化氢浓度。采用在掌子面、出水点喷洒碱性液体及抛撒生石灰中和硫化氢气体，如图 6-11 所示。成形段回风巷内采用 5m 安装一组洒水喷雾装置进行全断面封闭式喷雾，不间断喷洒水雾。开挖爆破后，采用水炮车进行喷雾降低硫化氢浓度。采用水压爆破，水袋中加入 5% 的碳酸钠，降低硫化氢浓度。

图 6-11　隧道内抛撒生石灰

(7) 机械及电气设备防爆改装。施工机械设备防爆改装委托专业防爆厂家进行防爆改装。主要对自卸汽车、挖掘机、装载机、混凝土运输车等洞内施工机械和交通运输机械进行全车防爆改装，以达到在瓦斯粉尘等作业环境下可以安全运转的要求。浓度超标时自动停机，待降低到安全浓度后恢复运行，确保施工安全。隧道内用品优先采用国内先进的防爆产品，防爆产品均具有矿用产品安全证书和防爆合格证。洞内使用的电动挖装机和防爆通风机是采用符合国家防爆规定的产品。

洞内防爆电力设备委托专业防爆设备生产厂家定点生产，并由单位委托专业防爆电工进行安装，安装后要达到防爆目的。并根据本隧道的特点能做到瓦电联锁，确保电器设备在瓦斯隧道施工中达到安全生产的目的，如图 6-12、图 6-13 所示。

图 6-12　注浆堵水后气体浓度达标

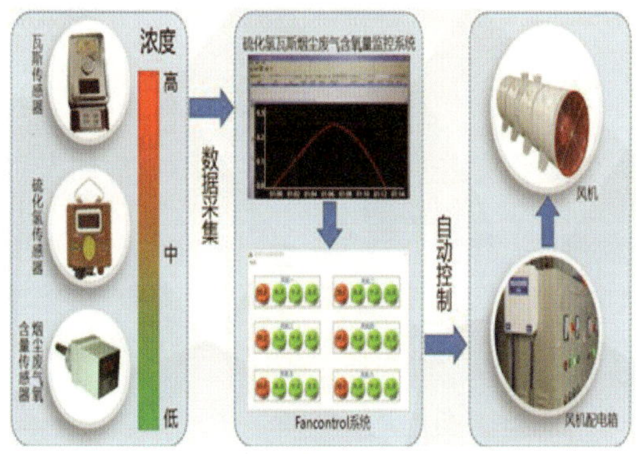

图 6-13　风机自动控制系统示意

（8）超前钻孔探测及预排放硫化氢。

（9）加强门禁管理，进洞人员必须佩戴自救器。

6）采取措施后的效果

采取一系列安全施工措施后洞内作业环境较好，瓦斯、硫化氢气体浓度降低至可控范围，未出现有毒有害气体超标导致工程停工和施工安全问题。

7）集成技术及创新点

（1）创新性在狭窄辅助坑道隧道上部采用隔离风道通风方式，并采用专用通风辅助坑道解决长距离独头掘进等技术难题。

（2）研发了有害气体隧道风机自动控制系统，实现了自动识别控制、集中远程管理。

（3）形成了一套硫化氢 + 瓦斯双气有毒有害气体隧道施工技术方案与管理体系。

（4）研究并形成了隧道硫化氢 + 瓦斯双气溢出段施工成套关键技术。

柿子园隧道

柿子园隧道1号横洞工区不良地质及处置要点如下所述。

1）不良地质现象

非煤系地层溢出的瓦斯，经补充地质勘察，判定为非煤系地层瓦斯，瓦斯来源为构造导气型。

2）施工图地质情况

三叠系下统飞仙关组和铜街子组（T_1f+t）砂岩夹泥岩，褐黄色，薄层状，岩质软硬相间；龙门山前山断裂带晓坝场3号断层影响，该断层为区域性深大断裂。

3）现场实际揭示地质情况

2015年8月，柿子园隧道D2K78+699掌子面出现瓦斯（在超前水平钻进深度约42m时，孔内突然出现伴有汽油味气体涌出，气体压力使孔内水呈脉冲式向外喷涌。采用便携式瓦检仪、光干涉瓦检仪对洞内各部位进行检测，孔口处瓦斯浓度达到9.32%）。揭示围岩为三叠系下统飞仙关组和铜街子组（T_1f+t）砂岩夹泥岩，褐黄色，薄层状，岩质软硬相间；受构造影响严重，节理裂隙发育，围岩破碎，稳定性差，地下水呈弱发育状，呈潮湿——滴水状。

4）成因分析

受属龙门山前山断裂带晓坝场3号断层影响，该断层为区域性深大断裂，分别连通了西南方向约1km三叠系上统须家河组（新都桥组）（T_3x）和东北方向约4km处二叠系上统（P_2）的含煤地层。掌子面富含瓦斯气体来源一是沿断层运移而来的附近含煤地层的煤层气；二是沿深大断裂运移而来的浅层天然气，孔口浓度达到7.94%，如图6-14所示。

5）现场处置要点

（1）掌子面暂停施工，增加一台通风机，加强通风，组织专业队伍进行瓦斯检测，洞内机械设备进行防爆型改装。

（2）补充地质勘查，加深地质工作，为设计采取下一步措施提供支撑。

（3）衬砌采用全封复合式衬砌，全环设瓦斯隔离板，初期支护及二次衬砌采用气密性混凝土。

a) b)

c)

图 6-14　孔口瓦斯浓度达到 7.94%

（4）于 D2K78+678 处两侧设置水气分离室，水气分离后，地下水引排至正洞侧沟，瓦斯气体引流至洞内专用管道排出洞外。

处置后效果如图 6-15 所示。

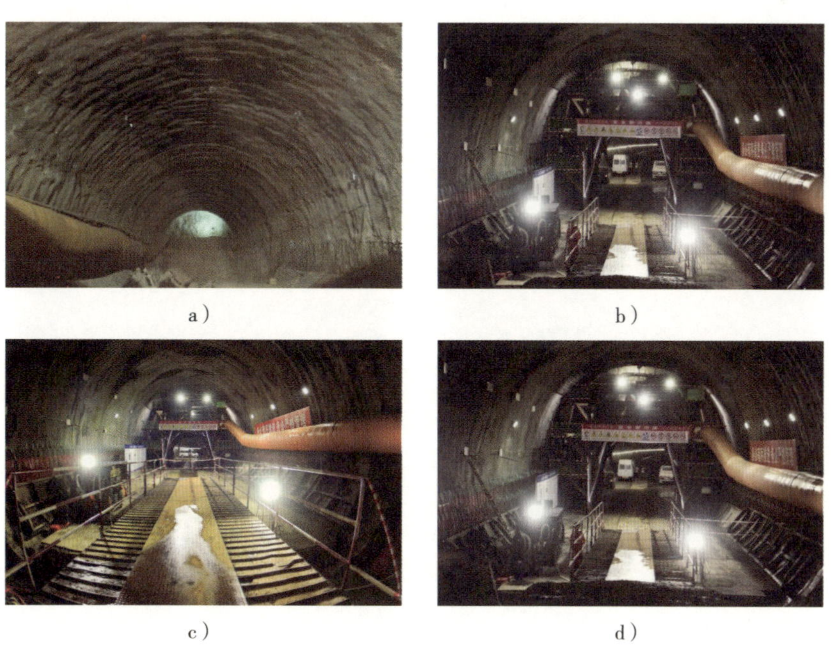

a) b)

c) d)

图　6-15

e）

图 6-15 通风后瓦斯浓度降低至 0.02%

6）采取措施后的效果

采取措施后，瓦斯浓度降低至安全作业允许范围内，未发生瓦斯浓度超标情况，顺利安全地通过高瓦斯地段施工。

7）施工要点

加强超前地质预报，多手段、多方法相互印证，施工中采取超前钻探和地质调查相结合的方式，成功预测了非煤系地层瓦斯溢出事件，及时采取通风监测措施，避免了发生瓦斯爆炸带来的生命和财产损失。同时构建了全封衬砌和水气分离等瓦斯防治体系，保证了运营安全。

川主寺 1 号隧道

6.3.1 工程概况

川主寺 1 号隧道全长 5195.709m，线路设计为单面上坡；隧道最大埋深约 400m。

隧道穿越地层为三叠系上统侏倭组（T_3zh）板岩、砂岩夹炭质板岩；洞身发育川主寺 2 号断层和 F1、F2、F3 推测断层，受区域性构造影响，区内岩体节理裂隙发育，层间挤压破碎，揉皱较发育，层理产状变化大，岩体完整性较差；地下水对混凝土结构侵蚀性等级为 H1；本隧道预测最大涌水量 9000m^3/d ；隧道出口端不良地质发育，斜坡堆积层较厚，厚度变化较大，雨季时在坡脚有地下水出露，斜坡堆积层稳定性较差；特殊岩土为季节性冻土。

不良地质：危岩落石、有害气体、滑坡、岩堆，季节性冻土等。

6.3.2 川主寺 1 号隧道主要不良地质及处置要点

6.3.2.1 川主寺 1 号隧道出口工区

1）不良地质现象

隧道板岩、砂岩夹炭质板岩地层瓦斯气体逸出。

2）施工图地质情况

川主寺 1 号隧道穿越地层中夹炭质板岩，主要岩性为三叠系上统侏倭组灰色、灰黑色板岩、砂岩夹炭质板岩，岩石弱风化，岩质较软，围岩较破碎，稳定性差，节理裂隙发育的岩层中存在瓦斯气体或局部瓦斯聚集的可能。

3）现场揭示地质情况

D1K260+185 掌子面岩性主要为板岩夹砂岩、炭质板岩，局部夹方解石岩脉，薄 ~ 中层状。岩层走向与线路呈小角度斜交，陡倾向掌子面右侧，局部见层理扭曲，节理裂隙发育，围岩破碎，掌子面少量渗水，板岩遇水易软化，掌子面及拱顶易掉块，围岩稳定性差，如图 6-16 所示。

a）

b）

图 6-16　掌子面围岩情况

4）成因分析

瓦斯产生在炭质千枚岩、板岩等地层，赋存在倒转背斜核部的构造裂隙中，千枚岩、炭质板岩地层瓦斯涌出主要以裂缝型游离瓦斯为主。特点是压力低，流量小，分布不均，涌出具有随机性。

5）现场处置要点

针对低瓦斯隧道采取的主要措施：超前钻孔探明掌子面前方瓦斯富存情况，人工检测和自动检测相结合检测瓦斯浓度，采用送风式通风及局部增加局扇及射流风机防止瓦斯聚集，加强隧道的火源管理，严格落实各项瓦斯管理制度。

（1）掌子面采用 4 孔进行超前钻孔、其中 1 孔取芯，钻孔检测是否有瓦斯气体溢出，记录有害气体位置、浓度及压力等参数。取芯判断掌子面前方围岩岩性、分析瓦斯气体含量等情况，如图 6-17 所示。

a）

b）

图 6-17　超前钻孔施工

（2）加强通风管理，采用一台 SDF-Ⅱ型通风机（132×2）（备用一台）进行通风；备用发电机在停电情况下保证 15min 之内恢复正常通风；掌子面开挖台车及二次衬砌端头挂布台车分别安装 2 台局扇防止瓦斯聚集；配备 1 台射流风机增大回风巷风速，如图 6-18 所示。

a）双风机

b）备用发电机

c）局扇

d）射流风机

图 6-18　隧道通风设施

（3）采用人工检测和自动检测相结合的检测方式。自动检测采用 KJ101N 型瓦斯自动检测系统对隧道内瓦斯含量进行检测，并配合风电闭锁、瓦斯电闭锁装置，如图 6-19、图 6-20 所示。

a）

b）

图 6-19　瓦斯监测传感器

图 6-20　人工瓦斯检测

（4）加强日常施工管理，严格执行进洞管理、人员清点及动火审批等 13 项管理制度。

6）采取措施后的效果

（1）采用自动监测系统实时监控瓦斯浓度，瓦斯浓度一旦超标则会自动报警、断电，浓度恢复到安全范围自动复电，有效地避免了因瓦斯管理不善影响施工进度情况的发生。

（2）采用送风式通风配合局部增加风速的方式，既保证了隧道内新鲜空气供给又避免了瓦斯局部聚集，确保了施工安全。

本章小结

成兰铁路穿越多处非煤系地层构造导气型高瓦斯地段及含炭岩层，施工中多发生瓦斯、硫化氢等有毒有害气体溢出事件。因此在隧道建设的各阶段均采取了有效措施，保证了隧道的施工安全，主要体现在以下 3 个方面：

（1）勘察阶段

通过收集区域性地质、矿产地质、水文地质有害气体的实测资料，油气田、气井资料及有关有毒有害气体赋存、突出的其他地质资料，查明形成有害气体的地质构造。

（2）设计阶段

首先按有毒气体含量将隧道划分为不同瓦斯等级工区，根据不同等级采取相应的设防措施，采取全封闭结构、设置瓦斯隔离板、初期支护喷射混凝土和二次衬砌混凝土掺加气密剂、施工缝气密处理等技术。

（3）施工阶段

进行地质复查工作，对于揭示的有毒有害气体的地质构造，取样复测有毒有害气体含量和其他有关参数，根据检测结果核对有毒有害气体等级，对设计进行修正。除按一般隧道布置钻探工作外，存在有毒有害气体隧道均适当增加钻孔数，采取检样进行成分分析，并在现场进行有毒有害气体含量、涌出量、压力等测试工作。

建立通风监控及监测组织系统，测定气象参数、有毒有害气体浓度、风速、风量等参数。根据现场情况，采取全断面封闭式喷雾，采用水炮车进行喷雾，采用水压爆破等有效措施，降低隧道内有毒有害气体浓度。

根据有毒有害气体含量将隧道划分为不同地段，不同地段采用适宜的通风方式，采用增设通风副洞、局部增加射流风机等手段达到保证隧道内新鲜空气供给及避免有毒有害气体局部聚集的目的。

隧道内的施工机械设备及电力设备均进行防爆改装，以达到在高浓度有毒有害气体作业环境下安全运转，浓度超标时自动停机，待降低到安全浓度后恢复运行，以确保施工安全。

平安隧道
L—28427m
榴桐寨隧道
L—16271m
镇江关
龙塘
茂县
金瓶岩隧道
L—12765m
云屯堡
L—229
跃龙门隧道
L—19981m
什邡西
三星堆
绵竹南
安县
高川
杨家坪隧道
L—12822m
柿子园隧道
L—14069m

第7章

浅埋隧道建造技术典型案例

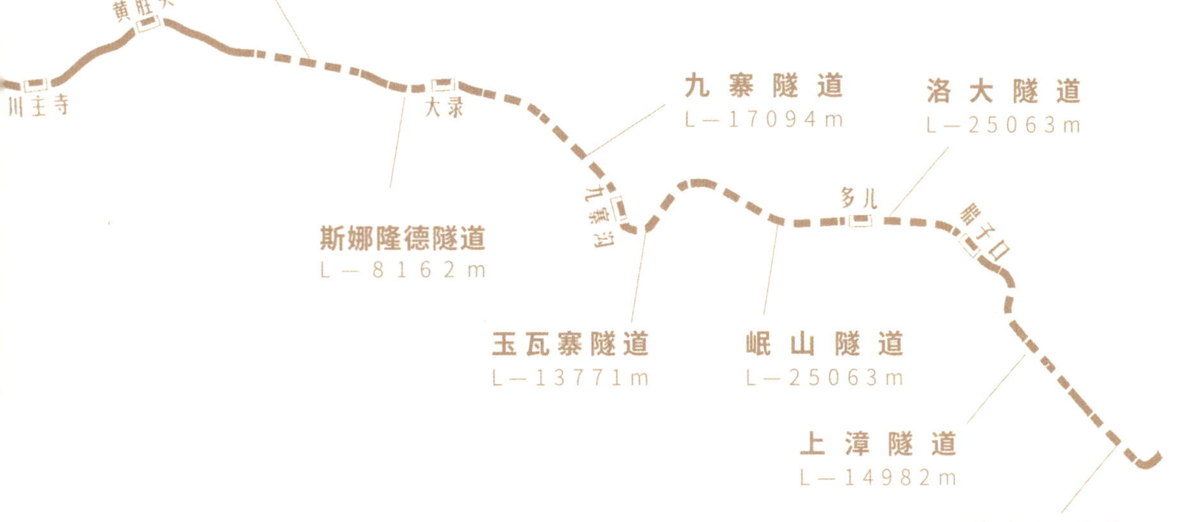

7.1 平 安 隧 道

平安隧道不良地质及处置要点如下所述。

1）不良地质现象

隧道左、右线下穿熊家沟泥石流浅埋段施工。

2）施工图地质情况

地表上覆第四系全新统泥石流堆积碎石土（Q_4^{sef}）厚 20 ～ 40m，下伏基岩为三叠系下统菠茨沟组石英岩、炭质千枚岩夹灰岩（T_1b）和三叠系中统杂谷脑组千枚岩、砂岩、灰岩（T_2z）。受测区内石大关弧形构造带影响，区内地层节理、裂隙较发育，岩体非常破碎，围岩稳定性差。

3）施工揭示地质情况

2014 年 9 月施工平安隧道熊家沟浅埋段，表层为厚 20 ～ 40m 的第四系全新统泥石流堆积卵石土（Q_4^{sef}），洞身施工揭示基岩为三叠系下统菠茨沟组石英岩、炭质千枚岩夹灰岩（T_1b）和三叠系中统杂谷脑组千枚岩、砂岩、灰岩（T_2z）。

4）成因分析

由于受测区内石大关弧形构造带影响，基岩地层节理裂隙发育，岩体非常破碎，围岩稳定性差，加之测区地震动峰值加速度 0.3g，地震烈度高，左线隧道拱脚以上为泥石流堆积层，右线隧道拱顶基岩厚约 5m，基岩破碎，而且隧道洞身位于地下水位线以下，地表沟谷常年流水，水量大，隧道洞顶泥石流堆积层透水性强，地下水发育，隧道施工坍塌冒顶和涌（突）水风险高。

5）现场主要处置要点

（1）平安隧道左线 D8K156+651 ～ D8K156+693 浅埋段地表泥石流堆积层采用 ϕ50 钢花管注浆加固，注浆管间距 1.0m × 1.0m，注水泥—水玻璃双液浆，注浆范围：隧道中线左右侧各 9.7m，注浆深度 8m，如图 7-1 所示。

（2）平安隧道左线 D8K156+642 ～ D8K156+654 段超前支护采用 ϕ76 中管棚 +ϕ42 大外插角小导管加强支护，参数：外插角 10° ～ 15°，环向间距 40cm，纵向搭接长度 2.1m，单根长 4.5m，注双液浆。D8K156+654 ～ D8K156+699 段超前支护采用 ϕ89 大管棚超前

加强支护 +ϕ42 大外插角小导管加强支护，参数：外插角 10° ~ 15°，环向间距 40cm，纵向搭接长度 2.1m，单根长 4.5m，注双液浆。

a）

b）

图 7-1 地表注浆加固施工

（3）平安隧道右线 YD8K156+653 ~ YD8K156+703 段超前支护采用 ϕ76 中管棚 +ϕ42 双层大外插角小导管加强支护。参数：外插角 10° ~ 15°，环向间距 40cm，纵向搭接长度 2.1m，单根长 4.5m，注双液浆。

6）采取措施后的效果

平安隧道下穿熊家沟浅埋段在采取洞外地表注浆加固和洞内加强超前支护措施相结合的处理措施下，快速加固破碎围岩，通过工程措施提高围岩的自稳能力，施工安全得到充分保障，避免了安全质量事故发生。此段施工处理措施为“内外兼顾，双管齐下”，效果显著且对总体工期影响不大，增加的工程投资合理，为类似工程建造提供了借鉴，积累了经验。

茂县隧道

茂县隧道不良地质及处置要点如下所述。

1) 不良地质现象

茂县隧道 D8K125+250 ~ D8K125+422 三线大跨浅埋段为富水砂卵石土软化地层。

2) 施工图地质情况

该段洞身地质情况为冲洪积层(Q_4^{al+pl})、坡洪积层(Q_4^{dl+pl})粉质黏土、卵石土、漂(块)石土和第四组(Smx^4)炭质千枚岩、绢云石英千枚岩夹泥质灰岩，局部含圆砾漂石，地下水较丰富，边墙及拱底渗水，局部出现股状水。卵石粒径 6 ~ 20cm，分选差，局部含漂石及圆砾，设计承载力为 350kPa，围岩等级为Ⅴ级。

浅埋段土体泥化软化现象严重，在开挖扰动及地下水等共同作用下其物理力学性质下降、围岩稳定性差；其中 D8K125+250 ~ D8K125+410 段隧道仰拱开挖后岩体出现卸荷松弛，基底岩土体在水的作用下泥化软化现象严重，经对隧底进行钻探及卵石土地层承载力动力触探测试等综合测试分析，基底扰动后地基承载力不能满足设计要求，存在安全隐患。

3) 施工揭示地质情况

根据超前地质预报综合判识，茂县隧道进口 D8K125+250 ~ D8K125+422 段为Ⅴ级围岩，地下水发育。开挖揭示 D8K125+250 ~ D8K125+406 段左侧为第四系冲洪积层卵石土，局部含漂石，边墙及拱底渗水，局部出现股状水；D8K125+406 ~ D8K125+422 段为炭质千枚岩，灰黑色，强风化，千枚状构造，泥质结构，节理裂隙发育，岩体破碎，掌子面局部渗水，围岩稳定性差，如图 7-2 所示。

4) 现场处置要点

(1) 采用“加强双侧壁导坑法”施工，衬砌采用 D 段Ⅴ级围岩复合抗震衬砌，全环采用 I25b 型钢钢架加强支护，间距 0.5m/ 榀。

(2) 优化双侧壁导坑施工工法，将两侧导坑开挖调整为三台阶开挖，并在侧壁导坑内侧壁与拱部钢架连接处各增设 2 根 ϕ32 自进式锚杆，单根长 8m，如图 7-3 所示；两侧导坑临时钢架墙脚处各增设两根 ϕ42 锁脚锚管，左右侧壁上台阶墙脚各设两根 ϕ42 锁

a）左导坑掌子面卵石土

b）右导坑掌子面卵石土

c）中槽掌子面卵石土

d）导坑仰拱开挖渗水引流

图 7-2　隧道开挖揭示掌子面围岩

a）

b）

图 7-3　自进式锁脚锚杆施工

脚锚管，单根长4m；仰拱钢架单元连接处采用加密 ϕ76钢管桩加固，每处两根，每根长4m；拱墙钢架各单元连接处设 ϕ42锁脚锚管，每处两根，每根长度为4m；每榀钢架增设I25b斜撑扩大拱脚加大初期支护钢架受力面积，如图7-4、图7-5所示；临时横撑钢架采用I20b型钢，纵向间距1m，同时每榀钢架纵向连接增加I18型钢钢架连接，单根长0.5m，每榀钢架16根。

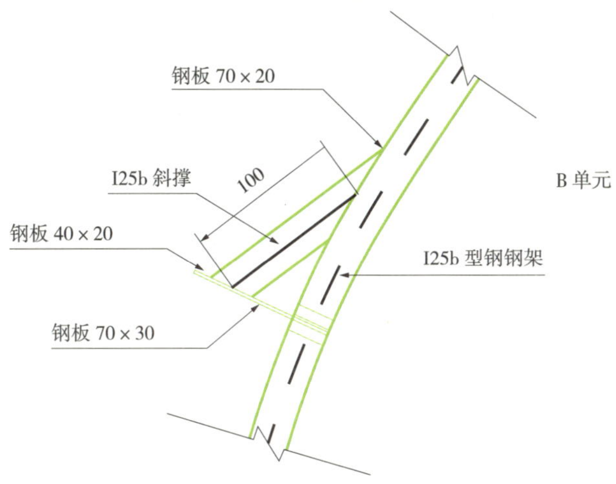

图7-4 钢架大拱脚示意（尺寸单位：cm）

a）I25b扩大拱脚施工

b）I18型钢纵向连接钢架

图7-5 采用扩大拱脚钢架、加强钢架纵向连接

（3）D8K125+280 ~ D8K125+380段超前支护由 ϕ76中管棚调整为 ϕ42超前小导管，每环61根，纵向间距2.0m，单根长4.5m。

（4）D8K125+250 ~ D8K125+410段三线隧道卵石土层基底承载力不满足设计要求，在仰拱开挖剩1m厚时隧底采用 ϕ76钢管桩注浆加固，加固宽度为隧道开挖底部，钢管桩长度4.5m，间距1.0m（横向）×1.0m（纵向），交错布置，注浆范围按仰拱开挖面以下3m考虑，如图7-6所示。

a）

b）

图7-6　基底钢管桩注浆加固

（5）采取措施后的效果

茂县隧道进口工区三线大跨浅埋段施工严格按照“弱（爆破）开挖、短进尺、强支护、早封闭、勤量测”的原则，尽可能避免对围岩产生较大扰动，优化施工工法，加强支护措施，及时封闭仰拱，二次衬砌紧跟，做到及时支护及时监控量测。同时对隧底软弱围岩进行钢管桩注浆加固提供基底承载力，通过一系列的工程措施攻克了浅埋、大断面、富水、软弱基底等诸多难题，为茂县隧道进口安全、顺利进洞创造了条件，具有很好的指导意义。

（6）集成技术及创新点

在该工点实施过程中，通过不断积极吸收国内先进技术，集成创新，结合大断面隧道砂卵石土地层的工程特点，“对症下药”，进一步总结出一套行之有效的加强双侧壁导坑施工工法，是传统双侧壁法施工的衍生。

云屯堡隧道

云屯堡隧道不良地质及处置要点如下所述。

1）不良地质现象

云屯堡隧道 7 号横洞工区 D6K235+310 ~ D6K235+350 段下穿泥石流浅埋沟。

2）施工图地质情况

围岩主要以砂岩夹千枚岩为主，地表为泥石流冲沟，地表水及地下水发育。

3）施工揭示地质情况

2015 年 9 月完成云屯堡隧道 D6K235+310 ~ D6K235+350 穿越泥石流浅埋沟段施工。开挖揭示围岩主要以千枚岩、炭质千枚岩为主。褶皱、围岩破碎，节理裂隙发育，裂隙水极其发育；地下水发育。

4）成因分析

测区受地形、水文等自然环境影响，形成熊山村 1 号滑坡、熊山村 2 号滑坡、落石沟断层，地表汇水深沟发育，常年流水，地表为泥石流堆积层，隧道通过地段埋深浅，地表水极易下渗至洞内，对施工极为不利，如图 7-7 所示。

图 7-7　隧道洞顶泥石流浅埋沟

5）主要处置要点

（1）地表采用 ϕ76 钢花管桩注浆加固：D6K235+315 ~ D6K235+350 段地表采用 ϕ76 钢花管桩进行注浆加固，间距 1m × 1m，交错布置，加固范围为线路中线左右侧各 9m，钢管桩加固深度为衬砌范围内加固至拱顶外 0.5m 处，衬砌外缘两侧嵌入基岩不小于 1m。

（2）地表泥石流上游 65m 至下游 35m 范围内设置钢筋混凝土棑导槽，以疏导泥石流，棑导槽断面尺寸为 7.5m × 1.5m（宽 × 高），结构厚 0.5m，采用 C35 钢筋混凝土，设置防水层，并在排导槽两侧地表采用钢花管注浆加固，以防地表水下渗，如图 7-8 所示。

图 7-8　地表泥石流排导槽

（3）加强洞内支护措施，加强监测。

6）采取措施后的效果

本段泥石流沟常年流水，通过沿沟设置混凝土排导槽（槽内设置防水层）和地表注浆加固处理，有效地防止了地表水下渗至隧道，极大地改善了洞内施工条件，为安全顺利地通过泥石流浅埋沟提供了保障。

红桥关隧道

7.4.1 工程概况

红桥关隧道进口里程 D2K253+710，出口里程 D2K256+918.44，洞身段有一处断链，断链长度为 10.67m，全长 3197.77m，地面高程 2950 ~ 3510m，最大埋深 410m，线路设计为单面上坡，最大坡度为 17‰，为双线铁路隧道。进口 D2K253+710 ~ D2K255+040 段 1319.33m 穿越泥石流堆积体、全新世岷江活动断裂带及影响带，D2K253+710 ~ D2K255+000 段为浅埋段，埋深 2 ~ 53m。其中 D2K253+710 ~ D2K253+935 段 225m 为明挖段，明暗交界里程为 D2K253+935，埋深 2 ~ 14m，下穿国道 G213 公路；D2K253+935 ~ D2K254+500 段 565m 穿越浅埋泥石流堆积体扇体边缘，埋深 14 ~ 40m；D2K254+500 ~ D2K255+040 段 529.33m 浅埋穿越泥石流堆积体、全新世岷江活动断裂带及影响带。D2K254+550 ~ D2K255+000 段 439.33m（洞身段有一处断链，断链长度 10.67m）为全新世岷江活动断裂带核部，与线路交角约 22°，历史上曾发生过 1748 年 6.5 级地震和 1960 年 6.7 级地震；且该段有两条泥石流沟“双沟同源”交汇于此，洞身穿过泥石流堆积扇体后缘底部，如图 7-9 所示。

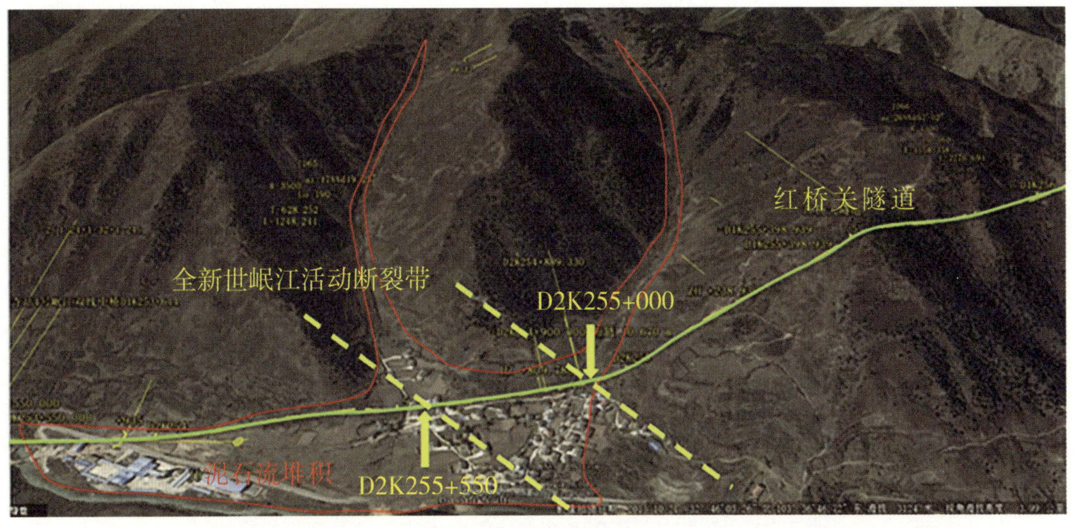

图 7-9　浅埋泥石流堆积体、岷江活动断裂带及影响带与红桥关隧道线路平面位置关系

7.4.2 红桥关隧道进口工区（D2K254+040 ~ D2K254+500）

1）不良地质现象

浅埋穿越泥石流堆积体。

D2K254+040 ~ D2K254+140 段初期支护施作后出现了如下的变形破坏及特性。

（1）中台阶初期支护施作后由于不均匀沉降前、后拱脚连接板出现错位，初期支护表面局部出现不同程度的裂缝。

（2）中台阶连接板下部局部岩体出现“凹曲”现象。

（3）根据 D2K254+040 ~ D2K254+140 监控量测数据分析，隧道洞身段穿越泥石流堆积体的初期支护体系变形主要呈现整体下沉，下沉变化速率 2 ~ 5cm/d，累积变形量 40 ~ 55cm，边墙收敛不明显。结合断面扫描仪扫描基本稳定的支护体系变形特征，支护体系变形主要集中在拱墙上部，范围为隧道中线偏左（靠山侧）90° 及隧道中线偏右 60°，典型断面 D2K254+095 如图 7-10 所示，典型断面 D2K254+116 如图 7-11 所示。

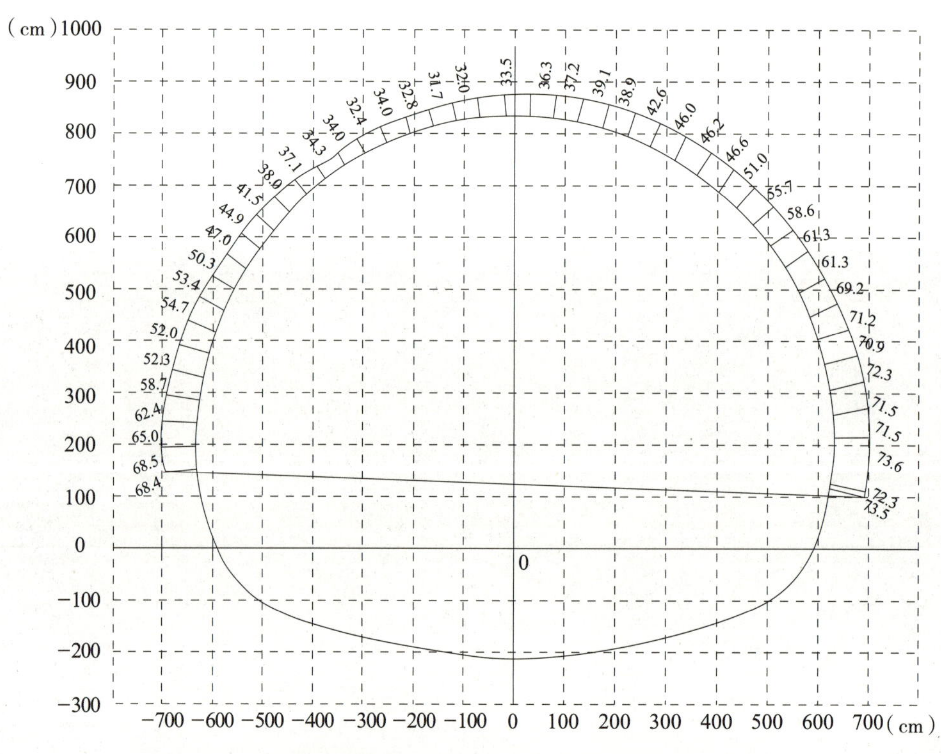

图 7-10　红桥关隧道 D2K254+095 断面支护体系变形特征

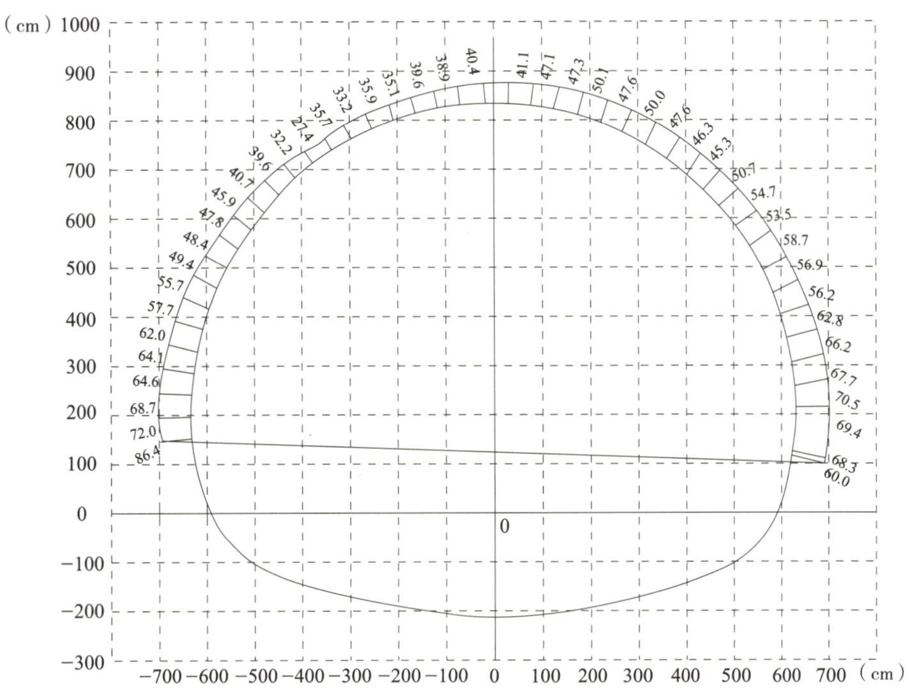

图 7-11　红桥关隧道 D2K254+116 断面支护体系变形特征

(4) 仰拱初期支护未封闭成环前，支护体系变形主要表现在整体下沉，待仰拱初期支护封闭成环后，于拱墙上部仍为隧道中线偏左（靠山侧）90° 及隧道中线偏右 60° 范围内出现初期支护喷射混凝土开裂、剥落掉块现象，但未见型钢钢架扭曲和连接板异常，如图 7-12 所示。

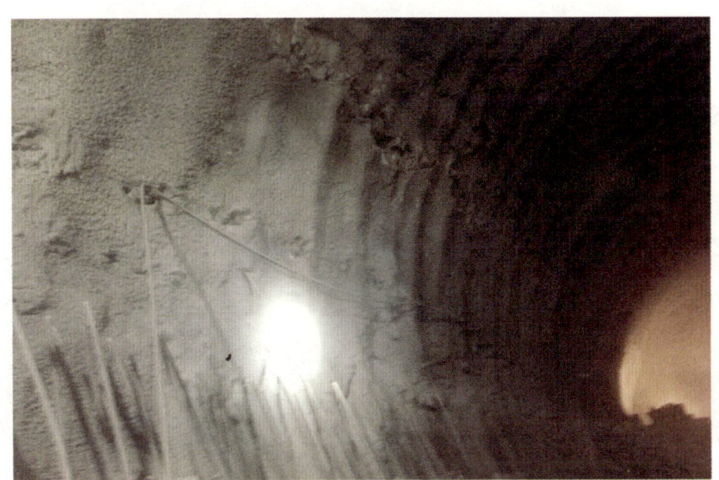

图 7-12　仰拱初期支护成环后拱墙上部初期支护表面喷射混凝土开裂、剥落掉块

2）施工图地质情况

根据施工图勘查资料，隧道穿越地层岩性主要为第四系全新统泥石流堆积层（Q_4^{sef}）、三叠系上统新都桥组（T_3x）炭质板岩夹砂岩。

3）现场实际揭示地质情况

红桥关隧道进口 D2K254+040 ~ D2K254+140 段穿越泥石流堆积扇体后缘，地势左高右低，自然横坡 10° ~ 60°，线路左侧山势高陡，临近线路附近坡度较平缓，堆积区开阔。上覆泥石流堆积体，物质成分以松散的碎石类土为主，褐黄、浅黄色，稍密 ~ 中密，潮湿 ~ 饱和，碎石约 65%，粒径 60 ~ 120mm，最大粒径 160mm，磨圆度较差，大部分呈次棱角状，石质成分以砂岩为主，板岩次之，余为粉质黏土及角砾充填，局部夹透镜状粉质黏土，层厚 20 ~ 45m，自稳性差；下伏灰黑色、薄层状炭质板岩夹砂岩，受全新世岷江活动断裂挤压影响，层间挤压破碎带及褶曲非常发育，岩体极为软弱破碎；同时泥石流堆积体受地表水的补给极为充分，地下水极为发育，有两条泥石流沟交汇于此，如图 7-13、图 7-14 所示。

图 7-13　上覆泥石流堆积体

a）

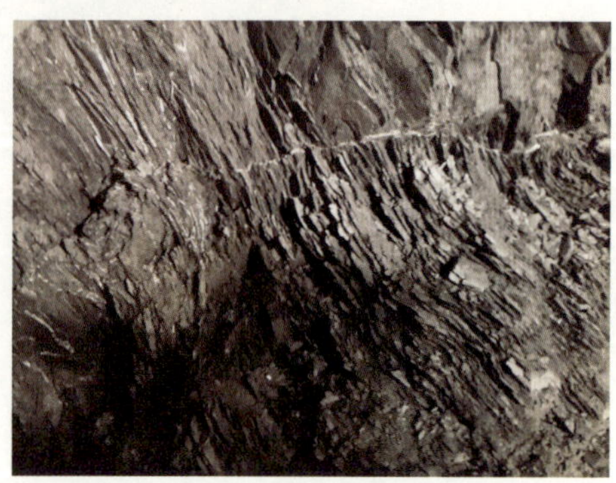

b）

图 7-14　下伏灰黑色、薄层状炭质板岩

4）成因分析

洞身上覆泥石流堆积体以松散的碎石类土为主，粉质黏土及角砾充填，其整体强度较低，加之埋深较浅、偏压，使得隧道开挖时堆积体原有天然应力状态被破坏同时受开挖扰动应力的叠加影响，引起围岩应力状态的重分布，应力状态超过了洞周围岩的强度，使洞周围岩塑性松弛圈进一步扩大，势必加大了作用于支护体系的围岩应力。

5）现场处理措施

基于红桥关隧道 D2K254+040 ~ D2K254+140 段所穿过的工程地质条件（泥石流堆积体、浅埋偏压）和初期支护体系的变形破坏及特性，首次采用了锚桩结构施工技术增强初期支护体系的纵向刚度和承载能力，控制其变形破坏。锚桩结构施工技术示意如图 7-15 所示。

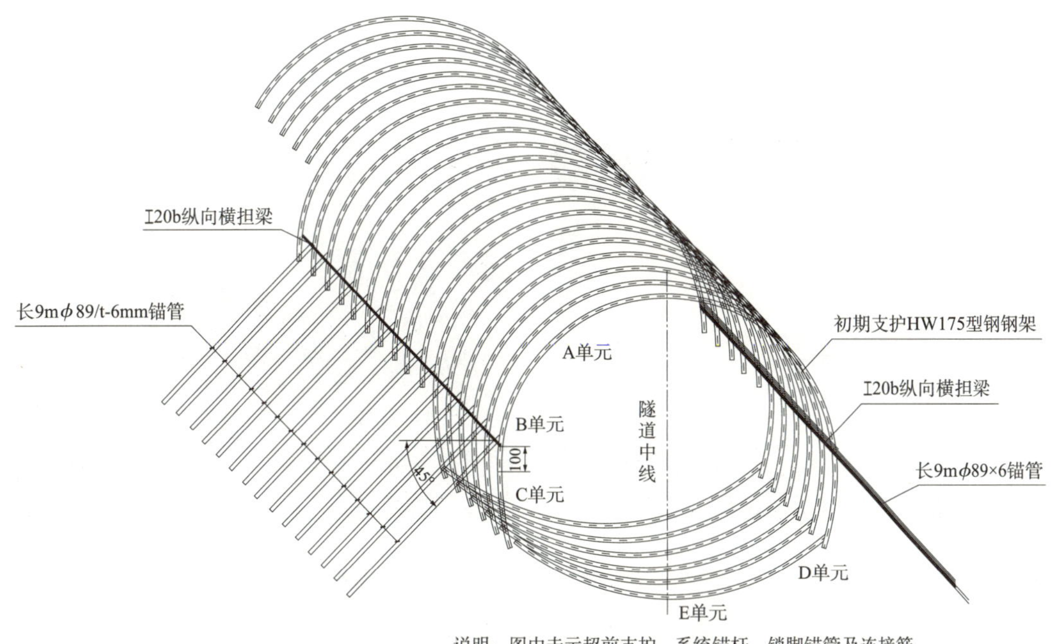

图 7-15　锚桩结构施工技术示意（尺寸单位：cm）

6）采取措施后的效果

（1）在钢架间设置 I20b 纵向横担梁，与初期支护 HW175 型钢钢架腹板焊接成整体，使初期支护钢架形成一个整体钢构，增强其纵向刚度，有效控制了初期支护体系不均匀下沉，如图 7-16 所示。

（2）在纵向横担梁下方、两榀钢架间施作 9m 长 ϕ89×6 锚管，下插角 45°；管内布设 HRB400ϕ18 四肢箍钢筋笼，增强锚管的整体抗弯刚度；管内注浆压固结管周一定范围内松散岩体，形成扩大基桩，以分散和传递初期支护体系应力至未受洞室开挖扰动的岩体中，有效控制了初期支护体系的整体下沉，如图 7-17 所示。

a）

b）

图 7-16　I20b 纵向横担梁

a）

b）

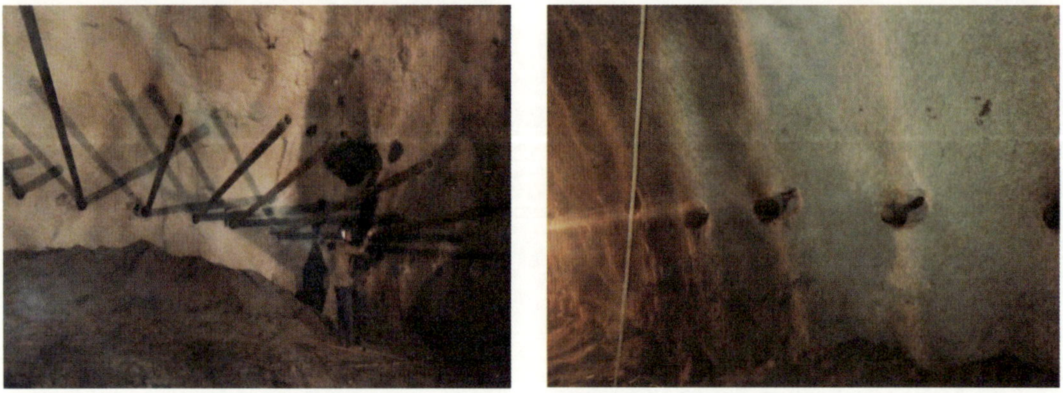

c）

d）

图 7-17　下插角为 45°的 9m 长 ϕ89×6 锚管

7）集成技术及创新点

探索采用“锚桩结构在隧道浅埋穿越泥石流堆积体中控制变形的施工技术”有效地控制了隧道变形，隧道施工成功穿越浅埋穿越泥石流堆积体。

（1）I20b 纵向横担梁：横担梁使初期支护钢架形成一个整体钢构，增强其纵向刚度，控制初期支护体系不均匀下沉；并作为后续施作的下插角 45° 的 ϕ89 长锚管的承载受力支撑构件。

（2）9m 长 $\phi 89 \times 6$ 锚管：锚管注浆固结管周一定范围内的松散岩体，形成扩大基桩，以分散和传递初期支护体系应力至未受洞室开挖扰动的岩体中，控制初期支护体系的整体下沉。

7.4.3 红桥关隧道进口工区（D2K254+500 ～ D2K255+040）

1）不良地质现象

浅埋穿越泥石流堆积体、全新世岷江活动断裂带及影响带，两条泥石流冲沟“双沟同源”交汇于此。

2016 年 7 月 27 日进口掌子面掘进 D2K254+495 时，出现了如下问题。

（1）洞内渗水量突然变大，并且局部有黄色泥浆水渗出，靠山侧拱部超前 ϕ89 超前管棚支护范围外的部位出现洞内“水石流”涌出，如图 7-18 所示。

（2）已施作的 D2K254+485 ~ D2K254+495 段初期支护变形开裂，变形速率严重超标（D2K254+493 处最大变形速率为 81.8mm/d），如图 7-19 所示。

图 7-18 靠山侧洞内“水石流”

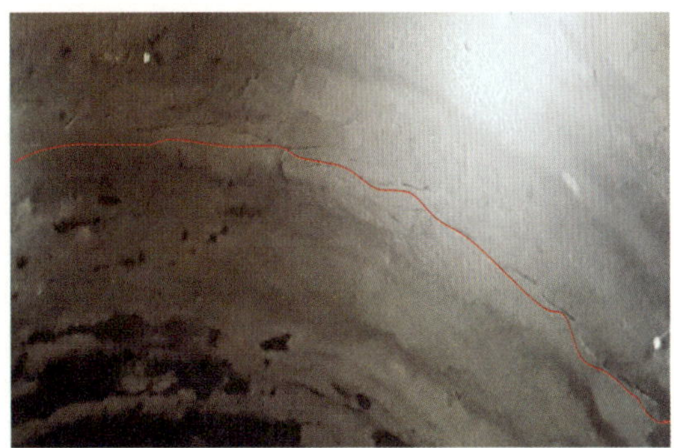

图 7-19 D2K254+485 ～ D2K254+495 段初期支护变形开裂

（3）地表线路左侧地表出现裂缝，呈蜘蛛网状分布，裂缝横向分布距离隧道左线中线 0 ~ 40m，最大裂缝宽度 11.85mm，如图 7-20 所示。

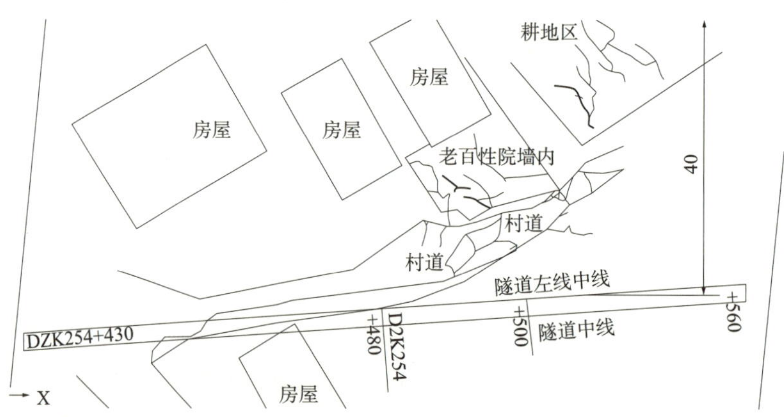

图 7-20　地表裂缝分布情况（尺寸单位：m）

2）施工图地质情况

原设计红桥关隧道 D2K254+500 ～ D2K255+040 段的隧道上覆第四系全新统泥石流堆积层（Q_4^{sef}）粉质黏土、碎石土夹碎石角砾；洞身穿越岷江活动断裂作用形成的炭质板岩断层角砾（F*br*），岩质软，岩体极破碎，多呈角砾状及碎石土状，角砾手捏易碎。

3）现场实际揭示地质情况

进口段穿越浅埋全新世岷江活动断裂带及堆积体，埋深 40 ～ 53m。上覆堆积层沿线路走向呈“锯齿状”分布，如图 7-21 所示，下伏岷江活动断裂断层角砾。部分段落围岩级别调整为Ⅵ级围岩。

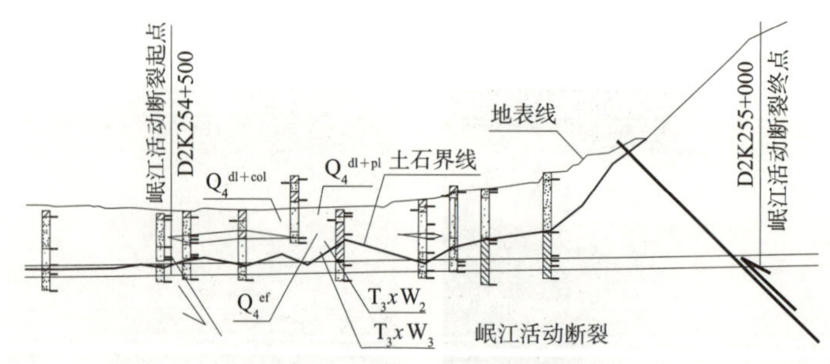

图 7-21　地质界线及分布情况

上覆堆积层岩性主要为第四系全新统泥石流堆积层（Q_4^{sef}），地下水丰富、水位较高，物质成分以胶结差、自稳性差透水性好的碎石类土为主。开挖揭示拱部及上方上覆的堆积体主要为黄色碎石土层，其横断面向的分布特征为（图 7-22）：靠山侧土层较薄，厚度约 1.0m，远山侧土层较厚，厚度约 3.0m。同时，上覆堆积体和下伏炭质板岩交界“齿谷”处存在滞水“水囊”，如图 7-22、图 7-23 所示。

图 7-22　洞身上覆碎石土层

图 7-23　齿谷处滞水水囊（超前探孔揭穿）

下伏岷江活动断裂断层角砾，岩性主要为三叠系上统新都桥组（T_3x）灰黑色、薄层状炭质板岩夹板岩、砂岩，呈薄片状，强分化带较厚，层理产状变化较大，加之岷江活动断裂的严重挤压、错动和地下水等共同作用，揉皱现象极为明显，岩体极为软弱破碎，如图 7-24 所示，自稳性差，岩质软强度低，遇水易软化，易风化剥落。

图 7-24　下伏岷江活动断裂断层角砾（薄片状，揉皱现象极为明显）

4）产生的原因分析

洞身开挖揭穿和扩大了地下水的排泄通道，导致地下水持续下渗，携裹固体物质流失，破坏了岩土体原有的结构和强度，恶化了岩土体的自稳性，造成了洞身上覆泥石流堆积体的局部失稳、滑移等病害，同时裂缝的贯通使得地下水连通性变好，在开挖出现临空面的过程中，地下水携裹洞身上覆泥石流堆积体中碎石土和块石土等涌出，形成洞内“水石流”。“水石流”涌出进一步加剧了洞身上覆泥石流堆积体的失稳。同时，“水石流”软化了下伏基岩的强度，势必进一步加剧围岩的整体变形破坏，导致初期支护开裂破坏和地表裂缝。

5）现场处理措施

（1）地表加固措施

对地表两条泥石流沟心及两侧（D2K254+480 ~ D2K254+520 段和 D2K254+660 ~ D2K254+780 段）地表实施地表群桩加固，固结洞周松散岩体。

（2）洞内辅助工法措施

①采用活动断裂衬砌（全环 4.5m 长 ϕ42 径向注浆管加固）。初期支护全环设 HW175 型钢钢架，纵向间距由 0.8m/ 榀调整为 0.6m/ 榀，拱部 120° 范围设 ϕ89 大管棚超前支护，每环 40 根，纵向 4.8m/ 环，单根长 8m；断面由马蹄形断面调整为圆形断面。

②拱部 120° 范围内增设大外插角 ϕ42 注浆小导管（大外插角 30° ~ 45°），环向间距 0.4m，并与 8m 长 ϕ89 大管棚搭接交错布置，纵向 3.0m/ 环，每环 40 根，小导管单根长 4.5m。

③拱部 120° 外至两侧边墙增设 10m 长 ϕ89 管棚超前周边注浆加固围岩，外插角 45°，环向间距 0.6m，纵向 3.6m/ 环，搭接交错布置。

④洞身开挖由爆破开挖调整为机械开挖（单臂掘进机 + 破碎头）。

⑤采用微三台阶上部核心土法施工技术。

6）采取措施后的效果

（1）地表钢管群桩注浆和洞内超前周边注浆加固，充分充填泥石流堆积体中各地层孔隙和封堵地下水排泄通道。注浆形成的“树根状”浆脉和“水泥结石”骨架，可显著提高各地层内摩擦角、提升洞身上覆泥石流堆积体和下伏基岩的整体性和强度，和提升地层的整体性、强度。且钢管群桩嵌入下伏基岩弱风化层，显著提高了接触面的抗剪强度，很好地避免了洞身开挖后上覆泥石流堆积体失稳、滑移等病害。

（2）全环 4.5m 长 ϕ42 径向注浆管加固，一是充填初期支护与洞周岩体的缝隙和进一步加固洞周围岩；二是增强初期支护与洞周岩体接触应力。

（3）洞身开挖采用机械开挖（单臂掘进机 + 破碎头）减少了对洞周围岩的扰动。

（4）采用微三台阶上部核心土法施工技术，能有效控制掌子面的挤出变形、甚至溜坍，确保隧道的掘进安全。同时采用微台阶，实现了散体结构构造软岩隧道施工中速挖、速支和速封闭的施工过程，隧道初期支护紧跟，初期支护在极短的时间（7 ~ 8d）内封闭成环，形成良好的结构受力体系，确保了隧道结构的整体安全和有效的控制变形。

7）集成技术及创新点

创新出“微三台阶上部核心土法施工技术”有效控制变形的方法，结合地质情况利用机械开挖施工技术，减少对围岩的扰动。采用“先固后钉法”施工技术成功完成了隧道穿越双泥石流沟施工。

金瓶岩隧道

7.5.1 金瓶岩隧道概况

金瓶岩隧道位于太平——镇江关区间，线路纵坡为“人”字坡。进口里程为D2K191+225，出口里程为D2K203+998，全长12773m。隧道最大埋深791m。隧道辅助坑道模式采用“3横洞”方案。

隧道穿越地层为三叠系上统侏倭组（T_3zh）砂岩夹千枚岩、新都桥组（T_3x）千枚岩夹砂岩、罗空松多组（T_3l）砂岩夹板岩；隧道发育镇坪肩状倒转向斜、金瓶岩1号倒转向斜、金瓶岩2号倒转向斜、金瓶岩1号倒转背斜、金瓶岩2号倒转背斜；区深受构造影响，岩体破碎，褶曲发育，节理发育；地下水以基岩裂隙水为主；本隧道预测最大涌水量为$4.25\times10^4m^3/d$；地下水对混凝土结构环境作用等级为H1。地震动峰值加速度为0.3g。

隧道不良地质：危岩落石、泥石流、大变形、季节性冻土等。

7.5.2 金瓶岩隧道不良地质及处置要点

1）不良地质现象

金瓶岩隧道1号横洞工区D2K194+760～D2K194+810段为富水浅埋。

2）施工图地质情况

金瓶岩隧道1号横洞工区D2K194+760～D2K194+810段下穿格子沟泥石流沟，岩性为砂岩夹千枚岩（W_2）地层。

3）施工揭示地质情况

2015年4月该段隧道开挖揭示岩性为泥石流堆积层的碎石土，碎石含量约60%，含块石土约10%，砂岩、千枚岩石质，余为粉质黏土充填；拱顶及掌子面渗水，围岩整体稳定性较差，如图7-25所示。

4）成因分析

D2K194+760～D2K194+810段下穿格子沟泥石流堆积层，埋深较浅，沟内有地表水，开挖揭示围岩与设计不符，为泥石流堆积层碎石土、砂岩、千枚岩石质，余为粉质黏土充填，富水，隧道渗水严重，围岩整体稳定性差。

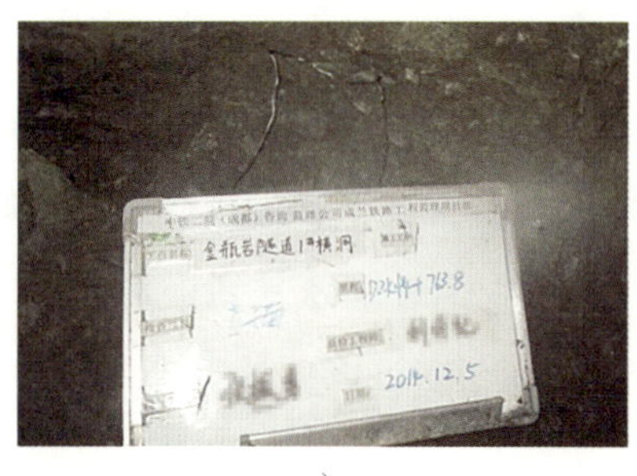

a） b）

图 7-25 现场开挖揭示围岩

5）现场主要处置要点

（1）加强超前地质预报，采用超前取芯钻探，钻孔长 35m，探明掌子面前方围岩和地下水情况。

（2）该段围岩级别变更为Ⅴ围岩，采用Ⅴ级围岩复合衬砌。

（3）每 5m 测试一次仰拱地基承载力，确保地基承载力不小于 200kPa，对地基承载力不小于 200kPa 段落进行加固处理。

（4）为减少雨季格子沟地表水下渗对隧道施工及运营期间的影响，采用全环径向注浆堵水，浆液为水泥—水玻璃双液浆，双液浆按 20% 考虑，注浆孔口环向间距 1.5m，纵向间距 2.5m，交错布置，注浆压力 0.5 ~ 1.0MPa，如图 7-26 ~ 图 7-28 所示。

图 7-26 径向注浆机械钻孔

图 7-27 径向注浆机械钻孔顶管

图 7-28 仰拱径向注浆

6）采取措施后的效果

该富水浅埋段施工初期，由于地质条件极差，经常发生涌水突泥现象，2014 年 11 月 26 日至 2015 年 5 月 9 日期间开挖进尺共计 40m，对施工安全和进度造成严重影响。通过采取上述处理措施后，大大改善了围岩条件，隧道施工进度恢复到正常水平，V 级围岩日掘进可保持两个循环，同时保证了施工安全，为顺利通过该富水浅埋段提供了保障。

7.6 本章小结

成兰铁路隧道多地段下穿浅埋沟谷，浅埋沟谷段岩体通常节理、裂隙发育，岩体非常破碎，围岩稳定性差，在地表水下渗和地下水的作用下，围岩状态变差，开挖扰动后极易出现塌方、突水突泥等地质灾害。通过归纳总结隧道下穿浅埋段施工处理经验，形成下穿浅埋段施工的关键技术有以下几点：

（1）隧道穿越透水性强的泥石流堆积层浅埋地段，坍塌和涌（突）水风险高，首先应制订针对性超前地质预报方案，采用物探 + 超前钻探相结合的方式探明掌子面前方围岩和地下水情况；根据超前地质预报结论及实际开挖情况，对隧道围岩等级进行实时修正，隧道支护措施进行动态调整，规避施工安全风险。其次浅埋地表和隧道洞内分别采取加固、加强措施，地表采用钢花管注浆，以加固浅层地表；隧道洞内采用超前大管棚 + 超前小导管支护加固前方围岩，确保施工安全，并根据实际情况，对隧道周边围岩进行注浆加固。

（2）隧道穿越围岩软化现象严重的浅埋地段，应严格遵循“弱（爆破）开挖、短进尺、强支护、早封闭、勤量测”的施工原则，根据围岩状况优化双侧壁导坑施工工法，加强支护措施，采用钢管桩注浆加固等措施固化软弱基底，保证施工安全。

（3）隧道穿越受活动断裂影响的泥石流沟浅埋地段，一方面应对地表水进行疏导，防止不断冲刷沟底，采取设置混凝土排导槽并进行地表注浆加固等措施，防止地表水下渗影响隧道施工及运营安全；另一方面隧道衬砌采用活动断裂衬砌，采用超前小导管或超前大管棚对破碎围岩进行注浆加固，改善围岩条件，提高围岩自稳能力，保障施工安全。

平安隧道
L—28427m
榴桐寨隧道
L—16271m
跃龙门隧道
L—19981m
金瓶岩隧道
L—12765m
云屯堡隧
L—2292
杨家坪隧道
L—12822m
柿子园隧道
L—14069m
三星堆
什邡西
绵竹南
安县
高川
茂县
龙塘
太平
镇江关

第8章

隧道洞口高陡边坡控制技术

典型案例

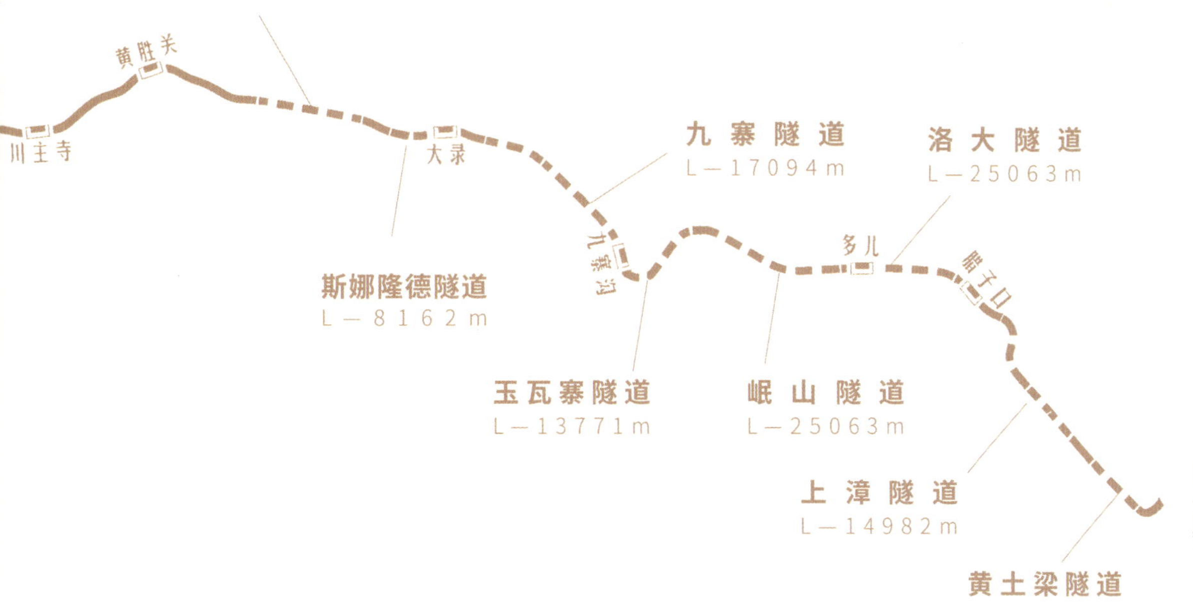

8.1 跃龙门隧道

8.1.1 跃龙门隧道进口岩堆处理技术

1）不良地质现象

跃龙门隧道进口岩堆。

2）现场地质情况

岩堆分布于 D2K91+000 ~ D2K91+050，线位以桥梁、隧道形式通过岩堆坡脚，跃龙门隧道左、右线进口位于岩堆范围，岩堆自然坡度较陡（30° ~ 40°），岩堆物质主要为碎石土，松散 ~ 稍密，稍湿，岩堆下伏基岩为压碎灰岩，厚度 10 ~ 35m，如图 8-1 所示。

a）

b）

图 8-1　跃龙门隧道洞口岩堆

3）现场主要处置要点

（1）采取清理、支顶、嵌补等措施处理洞顶危岩落石。

（2）洞口上方设置主、被动防护网。

（3）洞口及仰坡设置抗滑桩、锚索桩，洞顶边坡采用锚索框架梁防护、钢花管注浆加固等措施。

（4）由于高陡边坡抗滑桩施工出渣难度大，安全风险高，针对岩堆体高陡边坡抗滑桩出渣的技术难度和施工安全难度，探索采用“人字形拦板 + 渣桶”的组合出渣方式。结合抗滑桩的分布情况，主要针对顶部的 17 号 ~ 29 号桩进行分阶段出渣区域划分，总体分为 17 号 ~ 25 号桩、26 号 ~ 29 号桩两个区域设置，形成两阶段高低设置，分别采用 2m 模板结合脚手支架组合形成两个“人字形拦板”，施工过程的渣土首先由“人字形拦板”进行分区阻拦，“人字形拦板”为上宽下窄的集中出口结构，同时在下部的集中出口处设置“渣桶”，“渣桶”的下端出口位置直接设定在坡脚弃渣场，“渣桶”采用废旧油桶贯通焊接制作。处理效果如图 8-2 所示。

a）

b）

图 8-2　岩堆处理后情况

4）现场采取措施后的效果

在对洞顶危岩落石采取处理措施保证施工安全的前提下，解决高陡边坡抗滑桩出渣的技术难度和施工安全难度成为首要问题，采用的“人字形拦板 + 渣桶”的组合出渣方式很好地解决该问题，“人字形拦板”上宽下窄的集中出口结构，有效地避免了高陡边坡出渣过程中形成大面积滑落的安全事故，“渣桶”在出渣过程中大大降低了渣土飞石散落的安全隐患，并且可形成集中出渣的技术优势，从而大大提高了高陡边坡抗滑桩施工过程中的出渣功效，岩堆体施工顺利、安全快速，施工成本可控，经济效益显著，综合技术性能较高，现场应用效果极其显著。

8.1.2 跃龙门隧道出口岩堆

1）不良地质现象

跃龙门隧道出口岩堆。

2）施工图地质情况

跃龙门隧道出口分布有土主庙古滑坡，滑坡体前缘宽约 500m，坡长约 800m，坡度约 25°，与线路夹角约 48°，堆积物厚约 30m，成分主要为松散的块石土，岩质强风化的千枚岩。

3）现场揭示地质情况

跃龙门隧道出口位于该古滑坡体边缘，土层较厚，且洞口紧邻桥台，桥台台位因岸坡稳定进入山体较多，造成隧道出口边、仰坡刷坡较高，洞口段最大埋深为 90m。洞口外侧临近泥石流沟洞顶边坡距离沟底高差为 90m。

4）现场处置要点

（1）设计预加固桩 16 根，桩长 16 ~ 49m，桩截面大小为 1.5m × 2m 至 4m × 5.5m，采用人工开挖爆破挖孔。同时洞口边坡设计 4 级边坡防护，于左线 DK110+935 ~ DK110+985 段左线线路中线左侧 45m、右线 YD2K110+995 ~ YD2K110+041 段右线线路中线右侧 40m 边仰坡开挖范围内设置锚杆框架梁防护，每级边坡高 8m，每级平台宽为 2m，边坡防护骨架坡率为 1∶1.25，ϕ 32 锚杆长 15m/ 根，节点间距为 3m，框架梁内喷混植生。

（2）洞口位于该古滑坡体边缘，土层较厚，且洞口紧邻桥台，桥台台位因岸坡稳定进入山体较多，造成隧道出口边、仰坡刷坡较高，为保证洞门结构安全，于左线洞门端墙内设置 1 号、2 号、3 号锚索桩及 8 号预加固桩；为保证左线桥台基坑开挖安全设置 9 号、10 号、14 号、15 号预加固桩；于右线洞门端墙内设置 4 号、5 号、6 号、7 号锚索桩及 13 号预加固桩，为保证右线桥台基坑开挖安全设置 11 号、12 号、1 号预加固桩。为增加端墙的整体稳定性，左线 1 号、2 号、3 号锚索桩及 8 号预加固桩与左线端墙间均用锚筋连接，右线 4 号、5 号、6 号、7 号锚索桩及 13 号预加固桩与右线端墙间均用锚筋连接，间距 50cm × 50cm。连接钢筋采用 ϕ 16 的 HRB335 钢筋，每根长 120cm，施作桩时于桩周边预留插筋，并交错露头 56cm，如图 8-3、图 8-4 所示。

图 8-3　预加固桩施工

图 8-4　预加固桩施工完成效果

(3) 边坡开挖：洞口段边仰坡均按 1∶1.25 的永久坡率分级放坡开挖，每级放坡高不超过 8m，每级之间设置 2m 宽的平台。洞口段临时边仰坡采用锚网喷防护，喷 C25 混凝土，厚 10cm，锚杆采用 ϕ22 砂浆锚杆，长 3.0m，间距 1.0m×1.0m，钢筋网采用 ϕ8 钢筋，网格间距 25cm×25cm。

(4) 端墙背后直立开挖面采用锚网喷防护，喷 C25 混凝土，厚度 30cm，钢筋网采用 ϕ8 钢筋，网格间距 20cm×20cm；隧道洞口直立开挖轮廓范围内设置 ϕ22 玻璃纤维锚杆，长 12m，间距 1.0m×1.0m；洞身开挖轮廓范围以外采用 ϕ22 砂浆锚杆，长 12m，间距 1.0m×1.0m，如图 8-5 所示。

a)

b)

图 8-5 锚杆框架梁防护施工

5) 采取措施后的效果

(1) 施工完成后通过地表沉降观测数据分析，加固后的边坡稳定。

(2) 优先施工洞口边坡防护工程及洞门工程，保证了隧道洞口段施工安全。

(3) 施工中专门设置施工废水处理池和采取了减振措施，满足了环境保护区环、水保要求，如图 8-6 所示。

a)

b)

图 8-6 整体施工完成效果

8.2 茂县隧道

茂县隧道出口岩堆处理技术如下所述。

1）不良地质现象

茂县隧道出口不良地质体。

2）现场地质情况

茂县群千枚岩地层，岩质软弱破碎、风化强烈，岩体节理裂隙发育、分层明显。隧道右线洞口部分位于小型新生滑坡体内，洞口上方危岩落石发育，局部仰坡自稳性差，崩塌剥落有逐年累计恶化趋势，危及洞口施工安全及运营安全，对山体下方公路也造成影响。

3）成因分析

2008 年“5 · 12”汶川地震及其后的多次余震导致山体边坡松动松弛，岩层经风化、暴雨作用，逐渐剥落垮塌，垮塌岩体堆积于右线下方，形成岩体堆体；仰坡随近年剥落垮塌的累积效应，逐步形成临空面，加剧岩层剥落垮塌的作用，隧道洞口地貌如图 8-7、图 8-8 所示。

图 8-7　隧道洞口地貌

图 8-8　危石处理及仰坡防护

4）现场处置要点

（1）采取清理、支顶、嵌补等措施处理洞顶危岩落石。

（2）洞口上方设置主动、被动防护网。

（3）施作抗滑桩。

（4）仰坡防护。

①普通锚网封闭区域：喷混凝土厚12cm，ϕ8钢筋网，网格间距25cm×25cm；锚杆采用大小锚杆交错布置，大锚杆间距为4m×4m。

②对局部自然坡较陡、不利节理面、节理裂隙较发育区域，将锚网喷中小锚杆替换为锚索，采用锚索加固，锚索矩形布置。

（5）洞口下方施作混凝土挡墙稳固基础。

（6）接左、右线隧道明洞。

5）处置后的效果

通过清理、支顶、嵌补、设置防护网、抗滑桩及接长明洞、锚索框架梁加固等一系列处置措施，消除了危岩落石对施工和运营安全造成的威胁，稳定了山体，保障了施工安全。

榴桐寨隧道

8.3.1 榴桐寨隧道进口岩堆处理技术

1）不良地质现象

榴桐寨隧道进口不良地质体。

2）现场地质情况

岩性为炭质千枚岩夹砂岩、灰岩，山体陡峭，风化较强，节理裂隙发育，岩性软硬不一，局部岩体可能会发生崩落形成危岩落石。岩堆如图 8-9 所示，进口防护图 8-10 所示。

图 8-9 榴桐寨隧道进口岩堆

图 8-10 榴桐寨隧道进口防护

3）成因分析

（1）山体陡峭，风化较强，节理裂隙发育，岩性软硬不一。

（2）暴雨及风化掏蚀等原因。

4）现场处置要点

（1）采取清理、支顶、嵌补等措施处理洞顶危岩落石。

（2）洞口上方设置主、被动防护网。

（3）施作抗滑桩。

（4）洞口仰坡采用锚杆框架梁和锚索框架梁防护。

（5）洞口下方施作混凝土挡墙稳固基础。

（6）施作截水天沟，引排地表水。

5）采取措施后的效果

通过清理、支顶、嵌补、设置防护网、抗滑桩及接长明洞、仰坡锚杆框架梁和锚索框架梁防护等一系列措施，为洞口桥梁的施工奠定了基础，效果明显。

8.3.2 榴桐寨隧道出口岩堆处理技术

1）不良地质现象

榴桐寨隧道出口岩堆及危岩落石。

2）现场地质情况

榴桐寨隧道出口泥石流沟距隧道左线约 96m，泥石流沟下缘自然堆积形成滑坡，滑坡体物质成分为粗角砾土，中密，稍湿，角砾成分为强风化千枚岩，坡面泥石流冲沟沟床陡峻、两侧堆积层较厚，出露岩体风化强烈。榴桐道隧道出口泥石流沟两侧为裸露的石质岩，弱风化，整个内坡度较大；顶部为植被茂密林，覆盖多为碎石土且地势起伏较大，泥石流沟经 2008 年“5 · 12”汶川地震余震影响及 2013 年“7 · 9”洪灾极端暴雨冲刷，表面覆盖层松散并形成裂缝，雨水侵入后经常有渣石落下来，对隧道洞口和龙塘四线大桥造成一定的安全隐患。岩堆原始地貌如图 8-11 所示。

图 8-11　榴桐寨隧道出口岩堆

3）成因分析

经 2008 年“5 · 12”汶川地震余震影响及 2013 年“7 · 9”洪灾极端暴雨冲刷等多重因素作用下，加之岩体风化，节理裂隙发育等影响山体稳定，造成危岩落石及泥石流。

4）现场处置要点

洞口开挖前线路中线两侧各 20m 范围、洞顶以上 20m 仰坡范围内施作锚杆框架梁，框内植草绿化，增加泥石流排导槽，对泥石流进行引导、归排，岩堆治理成果如图 8-12 所示。

图 8-12　榴桐寨隧道出口岩堆整治

5）采取措施后的效果

对坡面危岩落石进行了清理、嵌补等措施和隧道洞顶仰坡采用锚杆框架梁防护的情况下，在隧道出口右侧的泥石流沟设置排导槽，对泥石流进行引排，防止泥石流进入线路而影响线路安全，有效地治理了不良地质。

平安隧道

8.4.1 平安隧道进口岩堆处理技术

1）不良地质现象

平安隧道进口危岩落石、岩堆。

2）现场地质情况

隧道进口段山坡陡峭，岩体卸荷风化较强，地层岩性主要为泥盆系危关群下组（Dwg^1）千枚岩、炭质千枚岩、岩质软，节理裂隙发育。岩体在层理及节理裂隙的切割下形成大小不等的块体，由于物资成分、风化等因素影响导致块体差异较大，呈现碎裂～块状结构，岩体在地震暴雨等作用下易发生崩落。多处危石前缘呈临空面，稳定性较差、极易剥落崩滑，且地表多处裂缝，稳定性较差，危岩落石、岩堆如图 8-13 所示。

图 8-13　平安隧道进口岩堆

3）成因分析

经 2008 年“5・12”汶川地震余震影响及 2013 年“7・9”洪灾极端暴雨冲刷等多重因素作用下，表层覆盖层出现蠕动松弛，并在进口右上方新生 3 处边坡溜坍及多处地表裂缝，成为稳定性较差的斜坡，同时由于余震及自然风化，导致山体上方围岩松散，不时有围岩落入线路的风险。

4）现场处置要点

将洞顶不良地质分为Ⅰ、Ⅱ、Ⅲ 3 个区域进行处理。

（1）加固Ⅰ区：清理该区危岩落石，并设置主动防护网。

（2）加固Ⅱ区：清理该区局部外露危岩落石，坡面采用加强型锚杆框架梁防护，框内布设小导管注浆，并采用挂网喷混凝土封闭，同时对既有裂缝采用混凝土填实封闭。

（3）加固Ⅲ区：该区坡面采用加强型锚杆框架梁防护，框内布设小导管注浆，并植草绿化，同时对既有裂缝采用混凝土填实封闭。Ⅰ、Ⅱ、Ⅲ 3 个区域分区处理成果如图 8-14 所示。

图 8-14　平安隧道进口岩堆整治

5）采取措施后的效果

首先对危岩落石进行了清理、嵌补、设置防护网等处理，然后对洞顶不良地质区域实行分区防护，采用锚杆框架梁防护及小导管注浆，封闭地表裂缝，通过多种综合手段，大大消除了危岩落石对施工和线路安全的影响，不良地质得到了有效治理。

6）取得的成果

现场通过多次仰坡滚石试验，确定了滚石的路径和溜坍体、危岩落石分布情况及潜在的工程风险形式，并根据现场实际情况采取针对性的防护措施，做到了设计方案合理，处理措施得当，防止进口仰坡的溜坍体及危岩落石影响线路安全效果明显，为以后类似的不良地质处理提供借鉴。

8.4.2 平安隧道出口岩堆处理技术

1）不良地质现象

平安隧道出口危岩落石、岩堆松散体。

2）现场地质情况

平安隧道出口属高中山峡谷地貌，沟谷纵横，地形起伏大，地表植被茂盛，岩堆体主轴方向 N36°E，岩堆体轴线方向长约 310m，岩堆体主要以碎石土为主，局部夹块石土，局部填充粉质黏土，厚度为 5 ~ 30m。危岩落石、岩堆松散体情况如图 8-15 所示。

3）成因分析

（1）平安隧道出口属高中山峡谷地貌、沟谷纵横、地形起伏大，处于岩堆体上。

（2）岩堆体物质主要以碎石土为主，局部夹块石土，局部充填粉质黏土。

4）现场处置要点

（1）根据隧道洞口及岩堆分布情况，分别于平安隧道出口设 19 根预加固桩，下游岩堆设 37 根抗滑桩。

（2）由于坡面较陡，第二排 35 号 ~ 56 号抗滑桩沿坡面设一道土钉墙，土钉墙厚 0.3m，胸坡坡率采用 1∶0.2，土钉间距 1.2m。

（3）平安隧道出口下游岩堆出口段（高程为 2330 ~ 2360m）设锚索（杆）框架梁防护，处理成果如图 8-16 所示。

图 8-15　平安隧道出口岩堆

图 8-16　平安隧道出口坡面防护

5）采取措施后的效果

通过对洞口岩堆体采取抗滑桩、土钉墙及锚索（杆）框架梁等系统性的加固和防护后，提高了岩堆体的整体稳定性，施工及线路运营安全得以保证。

新 民 隧 道

8.5.1 新民隧道出口岩堆处理技术

1) 不良地质现象

新民隧道出口危岩落石、倒悬、岩堆松散体。

2) 现场地质情况

新民隧道出口边坡为一高达 220m 的高陡边坡，受岷江及岷江支流解放村沟切割，三面临空，卸荷强烈；岩性软硬不一，千枚岩、炭质千枚岩抗风化能力较差，表层易逐渐崩解剥落，局部已形成不稳定的块体，有向下崩落的可能，洞顶形成倒悬体，极易崩塌影响线路安全。危岩落石、倒悬、岩堆松散体地形地貌如图 8-17、图 8-18 所示。

图 8-17　新民隧道出口岩堆

图 8-18　新民隧道出口洞顶地形地貌

3) 成因分析

(1) 测区处于青藏高原东部边缘，地形切割较大，地势险峻。

(2) 隧道洞顶为强风化千枚岩、砂岩，岩堆体以崩坡积块石为主，岩堆体呈扇形，相对高差 130m，局部已形成倒悬体，威胁铁路运营的安全。

4) 现场处置要点

(1) 危岩清方采用盘山栈道 (2400m) + 小型设备实施。坡面防护设 1850m 施工便道，采用工业电梯作为人员上下通道；塔吊作为钢筋、工具等运输通道；汽车泵、地泵接力输送湿喷混凝土；搭设附着式脚手架作为施工平台。

（2）对隧道洞顶倒悬体采取水压控爆，分级刷坡防护。

（3）岩堆体范围设 15 根抗滑桩，2 号 ~ 6 号抗滑桩之间设土钉墙，墙高 10 ~ 14m，土钉墙长 10m，土钉间距 1.2m。

（4）岩堆体Ⅲ-Ⅲ和Ⅳ-Ⅳ轴分别设 3 排转孔桩，分别为 42 根和 33 根。

（5）岩堆后缘陡崖边坡采用锚索 + 大锚杆 + 喷锚网护坡，处理成果如图 8-19 所示。

图 8-19　新民隧道出口岩堆整治

5）采取措施后的效果

因地制宜，针对性的形成了一套隧道洞口高位危岩落石“栈道法”施工技术；采用水压控制爆破对隧道洞口上方倒悬体进行清方，分级刷坡防护，并对岩堆体采取抗滑桩、土钉墙、锚索 + 大锚杆 + 喷锚网护坡等措施予以稳固，加强洞口防护措施，消除了洞顶危岩落石及倒悬体对施工和线路运营安全的隐患。

8.5.2 新民隧道洞口山体高位裂缝栈道整治施工技术

1）工程概况

新民隧道出口高陡边坡相对高差约 220m，岩性为三叠系上统侏倭组（T_3zh）中厚层状砂岩夹千枚岩、板岩局部夹炭质千枚岩，区域内地震活动较为频繁，洞口正上方已采用刷坡清方及锚喷加固方式进行处理，同时洞口右侧设置主动防护网进行防护。

2017 年“8·8”九寨沟地震后，现场组织地质灾害排查时发现，出口已清方边坡右侧 60m 处已铺设的主动防护网局部存在绷紧现象，山体存在拉张裂缝。

通过无人机进一步扫描勘察发现，工程区山体有 17 条显著的裂缝及裂隙，裂缝均是沿贯通性节理形成。靠近隧道出口方向的边坡裂缝走向大部分近似平行于等高线的地方，局部与等高线斜交，靠近 213 国道方向的边坡裂缝走向大部分垂直于等高线，局部平行等高线。裂缝相互切割形成的贯通裂缝局部已形成倒悬孤石，单块最大体积近 500m^3。在区域地震动荷载反复作用和诱发下，局部孤石随时都有崩滑的风险，安全隐患极大，如图 8-20、图 8-21 所示。

图 8-20　高位裂缝（正面）

图 8-21　高位裂缝（侧面）

2）复杂的施工环境

高位裂缝整治区域下方为岩堆整治抗滑桩和解放村双线大桥桩基工程及生产、生活设施。

山体背侧崖脚距 213 国道仅 61m，国道两侧分布居民区及旅游商业区，且邻近靖夷堡古遗址省级文物保护区，施工边缘距靖夷堡古遗址省级文物保护区距离仅 130m，施工环境特别复杂，如图 8-22 所示。

图 8-22　高位裂缝整治区域背侧复杂的外部环境

3）施工技术要点

新民隧道高位裂缝整治采用清方 + 喷锚网 + 大锚杆防护方案，清方施工以人工开凿清方为主，以数码电子雷管控制爆破为辅，清方坡率 1∶0.3，按 7 级控制，分级高度 20m，两级之间设置 2m 宽平台。

（1）施工通道

危岩清方采用盘山栈道（2400m）+ 小型设备实施。坡面防护设 1850m 施工便道，采用工业电梯作为人员上下通道；塔吊作为钢筋、工具等运输通道；汽车泵、地泵接力输送湿喷混凝土；搭设附着式脚手架作为施工平台。

（2）防护工程

洞口上方高位裂缝区域增设 2 道被动防护网，爆破区域增设防护排架防止飞石损坏已施工的成品工程。

山体背后 213 国道侧，设两道被动防护网及一道拦石墙，同时对居民搬迁，如图 8-23 所示。

图 8-23　主动防护网受力以及裂缝切割局部形成孤石

（3）控制爆破

按照 A 类控制爆破管理。爆破施工采用数码控制爆破，利用数码雷管精准控制微差起爆，减少爆破振动不利叠加，削弱爆破振动和振速。

4）取得的成果

在施工环境极为复杂的情况下，通过认真细致调查，摸清各种影响因素，统筹考虑，因地制宜，采取的针对性处理措施，规避了安全风险和第三方损失，形成了一套隧道洞口高位危岩落石栈道施工技术。

镇江关滑坡体岩堆工程

镇江关站 1 号五线特大桥镇江关 2 号滑坡及 4 号岩堆处理技术如下所述。

1）不良地质现象

D2K204+340 ~ D2K204+476 镇江关 2 号滑坡及 4 号岩堆。

2）施工图地质情况

镇江关 2 号滑坡体坡位于镇江关站 1 号五线特大桥 D2K204+417 ~ D2K204+462 段右侧坡面上，滑坡呈簸箕状，主轴方向近东 - 西向，滑坡体纵坡 35° ~ 50°，滑体长约 70m，宽度约 60m，厚度为 5 ~ 10m，滑坡体物质组成为角砾土，属于浅层土质滑坡，公路已经用锚杆格子梁加固，经现场调绘及综合分析，该滑坡为稳定滑坡体，但线路经过滑坡体前缘，镇江关大桥 13 号 ~ 14 号桥墩位于滑坡前缘，桥墩开挖切割滑坡体滑段，滑坡对线路影响较大，需进行加固处理。

3）现场地质情况

镇江关 2 号滑坡体坡位于镇江关站 1 号五线特大桥 D2K204+393 ~ D2K204+465 段右侧坡面上，滑坡呈簸箕状，主轴方向近东—西向，滑坡体纵坡 35° ~ 50°，滑体长约 80m，前缘宽度约 71m。物质成分主要为褐黄色、灰黑色细角砾土，中密、稍湿，细角砾含量约 60%，粒径 0.2 ~ 20mm；含碎石约 20%，粒径 60 ~ 200mm，石质主要为板岩、千枚岩、砂岩等；其余为粉质黏土充填，厚 5 ~ 15m，体积约 $3.1 \times 10^4 m^3$。相对于原设计情况，滑坡体下方土层 <3-3-1> 厚度发生了较大的变化，局部增加约 14m。

镇江关 4 号岩堆位于镇江关站 1 号五线特大桥 D2K204+354 ~ D2K204+386 段右侧坡面上，平面上外形类似圈椅状，主轴方向约 N80°W，主轴长约 30m，前缘宽约 33m，物质成分主要为千枚岩、砂岩质角砾土，稍密 ~ 中密，稍湿，厚 5 ~ 10m，粉质黏土充填。

4）成因分析

由于连续降雨及地方政府对既有 213 国道加固开挖边坡引起进一步恶化，现场地质条件如图 8-24 所示。

图 8-24　现场实际地质条件

5）施工处置要点

（1）在镇江关 2 号滑坡及 4 号岩堆前缘设置锚索桩、抗滑桩加固，中下部设置锚索地梁、锚杆框架梁进行防护。

（2）根据施工阶段补勘资料动态调整相应措施，在公路挡墙外侧采用填筑反压加固。

（3）镇江关站 1 号五线特大桥 11 号 ~ 14 号桥墩基坑桩间开挖坡面设土钉墙防护，12 号 ~ 15 号墩桩基根据地质情况增加长度，13 号 ~ 15 号墩门式刚架墩盖梁高度由 3.5m 变为 4m，现场治理平面布置如图 8-25 所示。

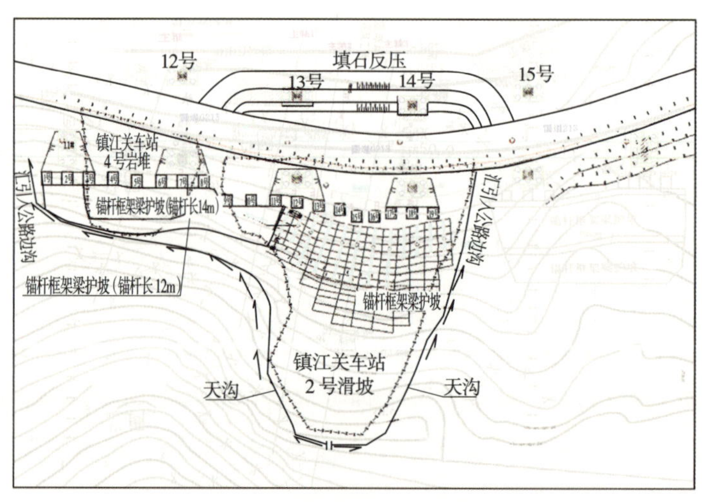

图 8-25　镇江关 2 号滑坡及 4 号岩堆治理平面图

（4）边坡处理措施：

① D2K204+341.74 ~ D2K204+454.93 段右侧长 113.19m，设一排锚固桩，共 19 根。

桩间距（中—中）为 6 ~ 7m，桩截面 3.5m × 3m 和 4m × 3m，桩长为 23 ~ 38m。其中 6 号 ~ 8 号、11 号 ~ 13 号和 17 号 ~ 19 号为锚索桩。桩身采用强度 C40 的钢筋混凝土灌筑。锚索采用拉力型，采用一孔 6 束 ϕ15.2 高强度低松弛无黏结钢绞线制作，其极限抗拉强度不小于 1860MPa，伸长率≤ 3.5%。锚索钻孔直径为 150mm，自上而下锚索距桩顶的距离分别为 1m、3m、5m，锚索下倾角自上而下分别为 17°、21°、25°，锚固段长度 10m；自上而下锚索距桩顶的距离分别为 2m、4m、6m，预留 3 孔锚索孔，相应的下倾角自上而下分别为 19°、23°、27°。锚索全孔范围采用 M35 水泥砂浆灌注，注浆压力为 0.6 ~ 0.8MPa。锚索采用 Ⅰ 级防护构造，注浆材料满足相关要求，锚固桩桩井开挖采用加强型锁口、护壁。

② D2K204+409.4 ~ D2K204+457.0 段右侧长 47.6m，12 号 ~ 18 号桩顶以外自然边坡上，在既有锚杆框架梁护坡之上增设锚索地梁护坡，锚索位置在既有框架梁节点之间，纵横向间距 4m。锚索地梁采用强度为 C40 的钢筋混凝土现场浇筑。锚索均为一孔 6 束，锚索钻孔直径为 150mm，与水平面下倾角 20°。每孔锚索设计锚固段长 10m，锚索均采用 6 根 ϕ15.2mm 高强度、低松弛钢绞线制作，其抗拉强度不得低于 1860MPa，自由段采用塑料套管隔离防护，裸露部分需作防腐处理，全孔范围内采用 M35 水泥砂浆灌注，注浆压力 0.6 ~ 0.8MPa，锚头采用 C40 混凝土封闭。锚索采用 Ⅰ 级防护构造，注浆材料满足相关要求。

③ D2K204+341.7 ~ D2K204+410.4 段右侧长 68.6m，1 号至 11 号桩顶以上沿自然原坡面设锚杆框架梁防护，并与既有锚杆框架梁相接，4 号岩堆范围内需满布。框架梁采用嵌槽法施工，采用 C40 钢筋混凝土现浇，节点间距 3.0m，框架内采用灌草护坡。锚杆均采用砂浆锚杆，其中 D2K204+354 ~ D2K204+384 段长 30m，从下至上 3 排锚杆长 14m，其余坡面锚杆长均为 12m。锚杆采用两根 ϕ25HRB400 螺纹钢筋制作，采用锚索钻机钻孔，钻孔直径为 150mm。每级边坡锚杆体与水平面的夹角均为 25°，锚杆钻孔内均灌注 M35 水泥砂浆，注浆压力不小于 0.2MPa。锚杆施工前选择相同的地层进行拉拔试验，试验孔数不少于 3 孔，以验证锚固段的设计指标，确定施工工艺及参数。试验锚杆的长度 L=4.0m，砂浆锚杆的抗拔力要求为：岩层不得小于 270kN，土层不得小于 160kN。

6）采取措施取得的效果

（1）通过镇江关 2 号滑坡及 4 号岩堆前缘设锚索桩、抗滑桩加固和中下部设锚索地梁、锚杆框架梁防护，提高了边坡稳定性，极大地减小了不安全因素，为镇江关站 1 号五线特大桥的施工提供了条件，保证 213 国道的行车安全及下方学校的安全，如图 8-26 所示。

（2）根据现场实际情况，及时补勘并调整设计措施，通过在公路挡墙外侧采用填筑反压对其进行加固，确保了213国道的行车安全。

（3）通过在镇江关站1号五线特大桥11号～14号桥墩基坑桩间开挖面设土钉墙防护，加长12号～15号墩桩基长度，13号～15号墩门式刚架墩盖梁高度加高至4m，提高了施工安全保障，加强了桥梁的安全性，将桥梁施工对213国道的影响降到最小值，确保了213国道的行车安全，如图8-27所示。

图8-26 施作完成的锚索桩、加固桩

图8-27 施作完成的盖梁

（4）通过一系列的边坡防护、加固措施，边坡稳定性大大提高，经地表位移监测、边坡深层位移监测和桥墩桩基承台侧向土压力监测，均未出现明显变化和突然变化，边坡防护和加固措施稳妥、可靠。

隧址区遭遇洪灾处置技术

8.7.1 跃龙门隧道 3 号斜井洪灾处置措施

1）遇到的问题

百年一遇洪水。（“7 · 9” 洪灾）

2013 年 7 月 8 日至 12 日，四川省安县、茂县地区突降特大暴雨，暴雨持续 5 天，跃龙门隧道 2 号横洞工区所在的千佛山金溪沟出现特大暴雨，导致发生四川省百年一遇洪水（“7 · 9” 洪灾）特大地质灾害。

2）工程概况

跃龙门隧道前接高川车站，后接羊记沟大桥，采用双线分修，最大线间距 60m，最小间距 30m。2 号横洞工区施工本隧道正线部分（左线 D2K95+679 ~ D2K103+689 段、右线 YD2K97+700 ~ YD2K102+155 段）及本隧道辅助坑道 2 号横洞全段、平行导坑（PDK97+745.967 ~ PDK103+481 段）施工任务，其中横洞 1935m，平行导坑 5735.033m，正洞左线 8010m，右线 4455m。

2 号横洞洞口位于线路右侧千佛山金溪沟右岸，设计洞口高程距河床高 15m；横洞洞身过地层为（β）侵入岩辉绿岩（1655m），（*Zbq*）硅质岩、炭质页岩夹灰岩、白云岩（280m），最大埋深 650m。

2 号横洞整体位于 YD2K97+700 线路前进方向右侧，与大里程方向呈 106°52′55″，于 HD2K1+845 处沿出洞方向右转，交角为 166°50′10″，坡度为 –25‰，全长 1935m。采用无轨运输双车道断面，断面内净空 7.5m（宽）× 6.2m（高）。

3）现场情况

2013 年雨季（7 月 8 日至 12 日），龙门山区域（四川省安县、茂县地区）连续 5 天普降特大暴雨，降雨量超历史极值 4 倍，该区域爆发大范围、高强度泥石流。

造成通往 2 号横洞工区唯一生命的通道晓茶路严重损毁，施工便道损毁 9km，拌和站下游 100m 处约 60 万立方米的山体滑坡，造成巨型泥石流，形成的堰塞湖淹没了拌和站、项目部营区、试验室、钢筋加工厂。

跃龙门隧道 2 号横洞洞口严重受损，泥石流淤积至洞口，河道整体抬高达 20m，空压机房、材料库、电力电线等所有设施全部被泥石流冲走及损坏，生产能力严重瘫痪，受灾严重。

4）产生原因

受“5·12”地震影响，跃龙门隧道穿越地区山体坡面松动，泥石流物质来源丰富，在特大暴雨情况下，极易爆发大范围、高强度泥石流。洪灾发生后跃龙门隧道2号横洞洞口对比如图8-28所示。

a）标准化施工的横洞洞口

b）沉淀池、值班房、监控室被冲走

c）“7·9”洪灾后2号横洞洞口全景照片

d）8月15日洞口情况（1）

e）8月15日洞口情况（2）

图8-28 “7·9”洪灾后2号横洞洞口严重受损

本次龙门山区域遭受百年一遇洪水，7 月 9 日最大降雨量达到 454mm。5 天总降雨量达 1600mm，本次降雨量为有历史记录以来最大一次，超过设计采用值。现场遭遇百年洪水后跃龙门隧道 2 号横洞工区受灾情况，大临设施受损情况如图 8-29 所示。

a）驻地原貌

b）“7·9”洪灾后

c）8 月 15 日场景

d）大树湾泥石流瞬间

e）大树湾泥石流现状

f）2 号横洞工区拌和站（灾前）

g）泥石流堰塞湖后掩埋拌和站（灾后）

图 8-29

h）“7·9”洪灾后 2 号横洞全线电力线路严重受损

图 8-29　遭遇百年洪水后跃龙门隧道 2 号横洞工区受灾情况

5）现场处理措施

此次特大洪灾中，跃龙门隧道 2 号横洞工区受灾严重，受洪灾影响，该区域整体地形地貌发生变化，无法继续实施原设计方案。主要通过灾害评估及优化调整辅助坑道设置。整体采用“2 号横洞变 3 号斜井”。具体如下所述：

（1）经本轮暴雨后，对 2 号横洞所在金溪沟流域进行泥石流再评估，考虑 2 号横洞所在金溪沟各支沟淤积于河床内及水坝拦阻影响，导致河床上升预测百年淤高为 45.7m，较施工图设计洞口高程约高出 45m，洞口高程已不满足泥石流淤高要求；目前施工图方案洞口与灾后沟内淤积面基本齐平。受洪灾及泥石流影响，灾后金溪沟地形、地质条件发生较大变化，根据现状及泥石流再评估结论，对金溪沟进行了施工便道引入方案研究，该沟已不具备引入施工便道的条件。

综上所述，金溪沟已不具备辅助坑道的设置条件，需对辅助坑道方案进行调整。

（2）根据灾后隧区地质、地形条件，结合区域泥石流再评估结论，综合考虑工期、投资、风险等方面因素，取消 2 号横洞，改设 3 号斜井 + 泄水洞方案：即在高川村附近设置 3 号斜井（2025m）以加快施工进度，并在金溪沟内设泄水洞（1970m）以解决运营排水问题。

（3）针对 3 号斜井工区营区及拌和站等临建工程施工，针对该区域地质灾害频发特点，编制临建选址、地质灾害评估及建设方案，并进行专家评审，确保整体临建工程的施工安全。3 号斜井工区布置如图 8-30 所示。

6）取得的效果

通过对区域地质灾害及泥石流再评估，优化隧道辅助坑道设置，慎重确定斜井洞口位置，避免淹井，保证了洞口、营区安全稳定，快速组织起施工，满足了施工组织的需要。

a）3 号斜井洞口选址方案原地貌

b）3 号斜井洞口施工现场布置（现阶段）

c）泄水洞洞口布置（已完工）

d）3 号斜井工区营地布置（俯视图）

图 8-30　3 号斜井工区布置效果图

8.7.2 跃龙门 3 号横洞、杨家坪隧道 2 号、3 号、4 号横洞洪灾处置措施

1）不良地质现象

百年一遇洪水、大型泥石流。

2）地质情况

测区地层岩性主要为千枚岩、板岩、砂岩、泥灰岩及白云岩等，受区域构造影响强烈，岩体破碎，外露基层风化严重，表层松散，风化层较厚；沿线存在多处滑坡、危岩落石、顺层、崩塌、岩堆等不良地质。

3）成因分析

（1）2013 年 7 月 7 日—12 日茂县地区连续强降雨，单日最大降雨量约 454mm，形成百年一遇的洪水，对沿线山体、边坡进行渗透冲刷，使边坡滑塌，便道被严重冲毁，部分生产设施场地被冲毁，附近通信设施全部毁坏中断，洪水通过二号便桥时携带大量泥沙，如图 8-31 所示。

沿线沟谷深切，地形陡峭，山体软弱破碎，受“5 · 12”汶川大地震影响，沿线山体表层被地震震松，为大型泥石流的形成提供了丰富的物源条件。杨家坪隧道 3 号横洞附近山体松散体塌方如图 8-32 所示。

图 8-31　洪水通过二号便桥

a）顺层滑塌

b）大型泥石流山谷源头

图 8-32　杨家坪隧道 3 号横洞附近山体松散体塌方

（2）2013 年 7 月 9 日，在百年一遇特大洪水的推动下，行洪流通区界线不甚明显，与物源区重叠，导致松散泥石很快和洪水混合形成大型泥石流，泥石流以泥浆夹巨石和块碎石为主，其中最大巨石达 4000kg，泥石流沿着陡峭山沟呼啸而下，形成强大的势能的泥石流，突然暴发，来势迅猛，横扫跃龙门隧道 3 号横洞、杨家坪隧道 2 号、3 号、4 号横洞等洞口区域，冲刷整个中下游沟道，淤积厚度达 18 ~ 20m，沟内便道便桥完全损毁，使跃龙门隧道 3 号横洞驻地、跃龙门隧道 2 号斜井驻地、杨家坪隧道 3 号横洞驻地形成孤岛，交通和通信完全中断；把跃龙门隧道 3 号横洞、杨家坪隧道 2 号、3 号、4 号洞口掩埋，附近生产设施损毁严重，施工机械设备被冲走，给跃龙门隧道、杨家坪隧道的施工带来了巨大影响。杨家坪隧道 3 号横洞工区泥石流后现场如图 8-33 所示。

跃龙门隧道 3 号横洞工区泥石流后现场如图 8-34 所示。

沿线唯一的地方交通 302 省道多处被毁现场如图 8-35 所示。

a）大型泥石流后

b）大型泥石流冲下的巨石

c）原洞口照片

d）泥石流后洞口被冲毁掩埋

e）泥石流冲下的石块

f）驻地被泥石流毁坏

图 8-33 杨家坪隧道 3 号横洞工区泥石流后现场情况

a）洞口前河流河床淤积抬升 20m

b）洞口前河流淤积

图 8-34

c）跃龙门隧道 3 号横洞洞口前河流河床淤积抬升 20m

d）跃龙门隧道 3 号横洞洞口

e）便道冲毁滑坡

f）便道垮塌的边坡泥石毁坏

g）便道冲毁滑坡

h）便桥桥头路基被洪水冲毁

i）便道垮塌的边坡泥石毁坏

图 8-34　跃龙门隧道 3 号横洞工区泥石流后现场情况

图 8-35　302 省道泥石流后现场情况

4）现场处置措施

（1）重新勘察调查沿线地区水文地质、研究分析泥石流物源、强降雨和泥石流形成特性，重新对跃龙门隧道 3 号横洞和杨家坪隧道 2 号、3 号、4 号横洞洞口位置和弃渣场位置进行选址，并委托专业机构进行了行洪论证和地灾评估。

（2）组织地质专家对跃龙门隧道和杨家坪隧道的临建选址进行现场勘察和风险评估，洞口新选址位置如图 8-36 所示。

a）跃龙门隧道 3 号横洞

b）杨家坪隧道 3 号横洞

图 8-36　重新选址的新洞口

（3）设立电台、卫星电话等临时应急通讯，建立了防灾预防救援体系，形成了与当地政府联防联动防灾系统，建成了跃龙门隧道 3 号横洞、2 号斜井、杨家坪隧道 4 号横洞施工驻地防灾救援通道。

5）处置后的效果

通过对沿线地质灾害及泥石流等灾害风险进行再评估，设计优化隧道辅助坑道位置提供了重要依据。重新选址时充分考虑避开洪水泥石流危害区域，科学选择辅助坑道洞口和临建工程位置，确保了新洞口、营区驻地和临建工程的安全。

8.8 本章小结

我国西南地区多山，地势陡峻，地质条件十分复杂，成兰铁路隧道修建过程中不可避免地遇到很多高陡边坡问题，根据各个工点的实际情况采取针对性的整治、加固和防护措施，“因地制宜”，很好地解决了高陡边坡对工程的不利影响。总体归纳总结以下三点。

（1）勘察阶段

尽可能收集齐全高边坡区域性地质构造、矿产地质、水文地质等资料，查明岩堆分布、状态、物质构成及危岩落石分布等地质情况；充分收集区域性地质、水文地质资料，查明松散堆积物源，查明历史降雨量极值，为设计措施的准确性、辅助坑道设置合理性等提供依据。

（2）设计阶段

应充分研究地震时高陡边坡距结构物不同距离的影响程度，研究滚石路径和溜坍体、危岩落石分布情况及潜在工程风险形式，研究岩堆、滑坡体抗滑桩、锚索地梁、锚杆框架梁设置方式以及倒悬体清方方案、危岩落石处理措施，建立地震带岩堆稳定性位移监测系统，根据现场实际情况，采取加强防护措施，消除滑坡体、洞顶危岩落石及倒悬体等不良地质对后期铁路运营安全隐患。同时加强工程本身防护和防止第三方损失防护措施，根据地区地质水文和气象资料，优化隧道辅助坑洞设计，按防洪要求合理确定洞口位置，充分考虑洞口、营区安全稳定要求，采取针对性的措施，保证第三方安全。

（3）施工阶段

及时消除危岩落石等不良地质对施工安全的隐患，对于高陡危岩清方采用“栈道法”施工，洞顶倒悬体宜采取水压控爆等措施，分级刷坡防护，岩堆边坡宜采用“锚索 + 大锚杆 + 喷锚网护坡”等措施，保证施工和运营安全。严格按设计方案实施抗滑桩、锚索桩、锚索框架梁等工程防护措施，有效控制险情发生。值得注意的是，应结合抗滑桩的实际分布情况，合理划分顶部桩分阶段出渣区域，优化集中出口结构和出渣方案，避免出现渣土滑落等现象和降低渣土飞石散落的安全隐患，提高出渣功效，保证安全。

成兰行

——成兰铁路赋

鲜国

辞蜀都出濛水　　高川茶坪沟壑嶺
穿三山跃龙门　　九顶山下茂县城
溯岷江绕叠溪　　茂叠隧岩千枚域
震级大断层破　　稳妥宜走下盘过
宝顶沟古羌邑　　镇江关口黄龙匐
越松州拜川主　　黄胜关叹热摩梏
神仙池海子迷　　九寨岷山昆仑曲
咏长江饮黄河　　白龙江畔西秦逸
岩溶发暗河隐　　迭部舟曲断层逆
腊子口红军路　　北上漳湾哈达铺
渡黄河问金城　　平安蓉金大道行